Comida que cura

Recetas antiinflamatorias para una vida saludable

Ana Torres

INDICE

Porciones de galletas de desayuno rellenas: 10 17
Ingredientes: 17
Direcciones: 17
Porciones de boniatos rellenos de huevo: 1 19
Ingredientes: 19
Direcciones: 19
Porciones de avena nocturna sin cocinar: 1 21
Ingredientes: 21
Direcciones: 21
Tazón cremoso de camote Porciones: 2 23
Ingredientes: 23
Direcciones: 23
Porciones de chocolate con cúrcuma: 2 25
Ingredientes: 25
Direcciones: 25
Porciones de huevos energéticos rápidos y picantes: 1 26
Ingredientes: 26
Direcciones: 26
Porciones de soufflés de queso cheddar y cebollino: 8 28
Ingredientes: 28
Direcciones: 29
Tortitas de trigo sarraceno con leche de almendras y vainilla Porciones: 1
.... 30
Ingredientes: 30

Direcciones: 30

Porciones de hueveras de espinacas y queso feta: 3 32

Ingredientes: 32

Direcciones: 32

Porciones de Frittata para el desayuno: 2 34

Ingredientes: 34

Direcciones: 34

Tazón de burrito de pollo y quinoa Porciones: 6 35

Ingredientes: 35

Direcciones: 36

Tostada De Aguacate Con Huevo Porciones: 3 37

Ingredientes: 37

Direcciones: 37

Porciones de avena con almendras: 2 38

Ingredientes: 38

Direcciones: 38

Porciones de tortitas de choco-nana: 2 39

Ingredientes: 39

Direcciones: 39

Barra de batata y avena Porciones: 6 41

Ingredientes: 41

Direcciones: 42

Porciones de hash browns fáciles: 3 44

Ingredientes: 44

Direcciones: 44

Frittata de champiñones y espárragos porciones: 1 46

Ingredientes: 46

Direcciones: 46

Cazuela de tostadas francesas en olla de cocción lenta Porciones: 9 48

Ingredientes: 48

Direcciones: 49

Porciones de pavo con tomillo y salvia: 4 50

Ingredientes: 50

Direcciones: 50

Batido de cereza y espinacas Porciones: 1 52

Ingredientes: 52

Direcciones: 52

Porciones de patatas de desayuno: 2 54

Ingredientes: 54

Direcciones: 54

Porciones de avena instantánea con plátano: 1 55

Ingredientes: 55

Direcciones: 55

Batido de plátano y mantequilla de almendras Porciones: 1 56

Ingredientes: 56

Direcciones: 56

Barrita energética de chía y chocolate sin hornear Porciones: 14 57

Ingredientes: 57

Direcciones: 57

Tazón de desayuno con sabor a fruta y linaza Porciones: 1 59

Ingredientes: 59

Direcciones: 60

Porciones de avena para el desayuno en olla de cocción lenta: 8 61

Ingredientes: 61

Direcciones: 61

Porciones de Pan de centeno: 12 63

Ingredientes: 63

Direcciones: 64

Pudín de frambuesa, coco y chía Porciones: 4 66

Ingredientes: 66

Direcciones: 66

Porciones de ensalada de desayuno de fin de semana: 4 67

Ingredientes: 67

Direcciones: 68

Delicioso arroz con queso vegetariano con brócoli y coliflor 69

Ingredientes: 69

Direcciones: 70

Porciones de tostadas mediterráneas: 2 71

Ingredientes: 71

Direcciones: 71

Ensalada de camote para el desayuno Porciones: 2 73

Ingredientes: 73

Direcciones: 73

Tazas de papas hash brown de desayuno falso Porciones: 8 74

Ingredientes: 74

Direcciones: 74

Porciones de tortilla de espinacas y champiñones: 2 76

Ingredientes: 76

Direcciones: 76

Wraps de lechuga con pollo y verduras Porciones: 2 79

Ingredientes: 79

Direcciones: 80

Tazón cremoso de plátano y canela Porciones: 1 81

Ingredientes: 81

Buen cereal con arándanos y canela Porciones: 2 82

Ingredientes: 82

Direcciones: 82

Porciones de tortilla de desayuno: 2 84

Ingredientes: 84

Direcciones: 85

Pan Integral Para Sándwich Porciones: 12 86

Ingredientes: 86

Direcciones: 86

Gyros de pollo desmenuzado 88

Ingredientes: 88

Direcciones: 89

Sopa De Camote Porciones: 6 90

Ingredientes: 90

Direcciones: 90

Tazones de burrito de quinua: 92

Direcciones: 93

Brócolini De Almendras Porciones: 6 94

Ingredientes: 94

Direcciones: 94

Plato de quinoa: 96

Direcciones: 96

Ensalada de huevo para comer limpio Porciones: 2 98

Ingredientes: 98

Direcciones: 98
Porciones de chile con frijoles blancos: 4 99
Ingredientes: 99
Direcciones: 100
Porciones de atún al limón: 4 101
Ingredientes: 101
Direcciones: 101
Tilapia con espárragos y calabaza bellota Porciones: 4 103
Ingredientes: 103
Direcciones: 103
Guarnición de pollo al horno con aceitunas, tomates y albahaca 105
Ingredientes: 105
Direcciones: 105
Ratatouille porciones: 8 107
Ingredientes: 107
Direcciones: 107
Sopa De Albóndigas De Pollo Porciones: 4 109
Ingredientes: 109
Direcciones: 110
Ensalada De Col De Naranja Con Vinagreta De Cítricos 111
Ingredientes: 111
Direcciones: 112
Porciones de tempeh y tubérculos: 4 113
Ingredientes: 113
Direcciones: 113
Porciones de sopa verde: 2 115
Ingredientes: 115

Direcciones: 116

Ingredientes del pan de pizza de pepperoni: 117

Direcciones: 118

Tazones de taco de albóndigas: 119

Direcciones: 120

Zoodles de Pesto de Aguacate con Salmón Porciones: 4 122

Ingredientes: 122

Direcciones: 122

Patatas Dulces De Cúrcuma, Manzana Y Cebolla Con Pollo ... 124

Ingredientes: 124

Filete de Salmón con Hierbas Doradas Porciones: 4 126

Ingredientes: 126

Direcciones: 126

Porciones de tofu estilo italiano y verduras de verano: 4 128

Ingredientes: 128

Direcciones: 128

Ingredientes Ensalada De Fresas Y Queso De Cabra 130

Direcciones: 130

Raciones de estofado de coliflor y cúrcuma: 4 132

Ingredientes: 132

Direcciones: 133

Porciones de Delicias de Nueces y Espárragos: 4 134

Ingredientes: 134

Direcciones: 134

Ingredientes Pasta Alfredo De Calabacín: 135

Direcciones: 135

Ingredientes de pollo con pavo y quinua: 137

Direcciones: 138

Porciones de fideos con ajo y calabaza: 4 140

Ingredientes: 140

Direcciones: 141

Trucha al vapor con frijoles rojos y salsa picante Tamaño de la porción: 1 142

Ingredientes: 142

Direcciones: 143

Sopa De Pavo Con Patata Dulce Porciones: 4 144

Ingredientes: 144

Direcciones: 145

Porciones de salmón a la plancha con miso: 2 146

Ingredientes: 146

Direcciones: 146

Porciones de filete de hojaldre simplemente salteado: 6 148

Ingredientes: 148

Direcciones: 148

Sopa de Pescado Blanco con Verduras 150

Porciones: 6 a 8 150

Ingredientes: 150

Direcciones: 150

Raciones de mejillones al limón: 4 152

Ingredientes: 152

Direcciones: 152

Porciones de salmón con lima y chile: 2 153

Ingredientes: 153

Direcciones: 153

Porciones de pasta de atún con queso: 3-4 154

Ingredientes: 154

Direcciones: 154

Porciones de tiras de pescado con costra de coco: 4 156

Ingredientes: 156

Direcciones: 157

Porciones de pescado a la mexicana: 2 158

Ingredientes: 158

Direcciones: 158

Trucha con salsa de pepino Porciones: 4 160

Ingredientes: 160

Zoodles de Limón con Camarones Porciones: 4 162

Ingredientes: 162

Direcciones: 163

Porciones de gambas crujientes: 4 164

Ingredientes: 164

Direcciones: 164

Raciones de lubina a la plancha: 2 165

Ingredientes: 165

Direcciones: 165

Porciones de empanadas de salmón: 4 166

Ingredientes: 166

Direcciones: 166

Porciones de bacalao picante: 4 167

Ingredientes: 167

Direcciones: 167

Raciones de trucha ahumada para untar: 2 168

Ingredientes: 168

Direcciones: 168

Porciones de atún y chalotas: 4 170

Ingredientes: 170

Direcciones: 170

Porciones de Langostinos al Pimienta Limón: 2 171

Ingredientes: 171

Direcciones: 171

Filete de atún caliente Porciones: 6 172

Ingredientes: 172

Direcciones: 172

Porciones de salmón cajún: 2 174

Ingredientes: 174

Direcciones: 174

Bol de salmón con quinoa y verduras 175

Porciones: 4 175

Ingredientes: 175

Raciones de pescado rebozado: 4 177

Ingredientes: 177

Direcciones: 177

Porciones de empanadas simples de salmón: 4 178

Ingredientes: 178

Direcciones: 179

Porciones de camarones popcorn: 4 180

Ingredientes: 180

Direcciones: 181

Porciones de pescado picante al horno: 5 182

Ingredientes: 182

Direcciones: 182

Raciones de atún al pimentón: 4 183

Ingredientes: 183

Direcciones: 183

Porciones de croquetas de pescado: 2 184

Ingredientes: 184

Direcciones: 184

Vieiras a la plancha con miel Raciones: 4 185

Ingredientes: 185

Direcciones: 185

Lomos de bacalao con setas shiitake Raciones: 4 187

Ingredientes: 187

Direcciones: 187

Raciones de lubina blanca a la plancha: 2 189

Ingredientes: 189

Direcciones: 189

Porciones de merluza con tomates al horno: 4-5 191

Ingredientes: 191

Direcciones: 191

Merluza a la plancha con remolacha Porciones: 4 193

Ingredientes: 193

Porciones de fondant de atún sincero: 4 195

Ingredientes: 195

Direcciones: 195

Salmón al limón con lima kaffir Porciones: 8 197

Ingredientes: 197

Direcciones: 197

Salsa De Mostaza De Salmón Tierno Porciones: 2 199

Ingredientes: 199

Direcciones: 200

Porciones de ensalada de cangrejo: 4 201

Ingredientes: 201

Direcciones: 201

Salmón al horno con salsa miso Porciones: 4 202

Ingredientes: 202

Direcciones: 202

Bacalao al horno rebozado con hierbas y miel Raciones: 2 204

Ingredientes: 204

Direcciones: 204

Mezcla de bacalao a la parmesana Raciones: 4 206

Ingredientes: 206

Direcciones: 206

Raciones de gambas al ajillo crujientes: 4 207

Ingredientes: 207

Direcciones: 207

Mezcla Cremosa de Lubina Porciones: 4 208

Ingredientes: 208

Direcciones: 208

Ahi Poke Pepino Porciones: 4 209

Ingredientes: 209

Mezcla de bacalao a la menta raciones: 4 211

Ingredientes: 211

Direcciones: 211

Porciones de tilapia al limón y cremosa: 4 213

Ingredientes: 213

Direcciones: 213

Porciones de tacos de pescado: 4 215

Ingredientes: 215

Direcciones: 216

Mezcla de Lubina con Jengibre Porciones: 4 217

Ingredientes: 217

Direcciones: 217

Porciones de Camarones al Coco: 4 218

Ingredientes: 218

Porciones de cerdo con calabaza nuez moscada: 4 220

Ingredientes: 220

Direcciones: 221

Porciones de galletas de desayuno rellenas: 10

Tiempo de cocción: 30 minutos

Ingredientes:

1 cucharada de aceite vegetal

¼ lb de salchicha de pavo

2 huevos batidos

Pimienta al gusto

10 onzas. galletas refrigeradas

Spray para cocinar

Direcciones:

1. En una sartén a fuego medio, vierta el aceite y cocine la salchicha por 5 minutos.

2. Transfiera a un tazón y reserve.

3. Cuece los huevos en la sartén y sazona con pimienta.

4. Agregue los huevos al tazón con la salchicha.

5. Coloque la masa para galletas en la freidora.

6. Cubra cada uno con la mezcla de huevo y salchicha.

7. Doble y selle.

8. Rocíe aceite.

9. Hornee en la freidora a 325 grados F durante 8 minutos.

10. Voltee y cocine por otros 7 minutos.

Porciones de boniatos rellenos de huevo: 1

Tiempo de cocción: 25 minutos

Ingredientes:

Camote, cocido – 1

Huevos, grandes – 2

Queso cheddar, rallado – 2 cucharadas

Cebolla verde, en rodajas – 1

Aceite de oliva virgen extra – 0,5 cucharadas

Champiñón, cortado en cubitos – 2

Sal marina – 0,25 cucharadita

Direcciones:

1. Caliente su horno a 350 grados Fahrenheit y prepare una pequeña bandeja para hornear o un plato para las papas.

2. Corta la batata cocida por la mitad y colócala en la bandeja para hornear. Con una cuchara, retire con cuidado la pulpa anaranjada de la papa de la cáscara, teniendo cuidado de dejar la cáscara intacta sin romperla.

Transfiere la pulpa de la papa a un tazón pequeño. Use un tenedor para machacar la pulpa de la batata en el tazón.

3. A la batata en el tazón, agregue el queso cheddar, la cebolla verde, el aceite de oliva y los champiñones. Revuelve la mezcla, luego vuelve a ponerla en la piel de la batata en la bandeja para hornear.

4. Use su cuchara para crear un hoyo o hoyo en el centro de cada mitad de papa, luego rompa un huevo en cada hoyo. Espolvoree su sal marina sobre la batata y el huevo.

5. Coloque la bandeja para hornear con las papas en el horno y hornee hasta que el huevo esté listo a su preferencia y la papa esté caliente, alrededor de quince a veinte minutos. Saca la bandeja del horno y disfrútalos frescos y calientes.

Porciones de avena nocturna sin cocinar: 1

Ingredientes:

1 ½ cucharadita leche baja en grasa

5 piezas de almendras enteras

1C semillas de chia

2 cucharadas. avena

1C pipas

1 cucharada. Pasas

Direcciones:

1. En un tarro o botella con tapa, combine todos los ingredientes.

2. Refrigere durante la noche.

3. Disfrute en el desayuno. Almacenar en el refrigerador hasta por 3 días.

Información nutricional:Calorías: 271, Grasas: 9,8 g, Hidratos de carbono: 35,4 g, Proteínas: 16,7

g, Azúcares: 9 g, Sodio: 97 mg

Tazón cremoso de camote Porciones: 2

Tiempo de cocción: 7 minutos

Ingredientes:

Boniato, al horno – 2

Leche de almendras, sin azúcar – 0.5 tazas

Canela molida – 0,25 cucharadita

Extracto de vainilla – 0,5 cucharaditas

Semillas de lino molidas – 1 cucharada

Pasta de dátiles - 1 cucharada

Mantequilla de almendras – 2 cucharadas

Arándanos – 0.5 taza

Direcciones:

1. Quiere que sus camotes asados estén calientes, así que si ya se han asado y refrigerado, vuelva a calentar los camotes horneados en el microondas o en el horno antes de preparar sus tazones.

2. Retire la piel de la batata y coloque la pulpa de la batata en una licuadora con todos los demás ingredientes en el tazón de batata, excepto los

arándanos. Mezcle hasta que quede suave y cremoso, unos treinta segundos, luego transfiera el contenido a un tazón grande. Adorne el tazón con los arándanos y, si lo desea, un poco más de leche de almendras. Incluso puede agregar granola, nueces o semillas, si desea un crujido.

Porciones de chocolate con cúrcuma: 2

Tiempo de cocción: 5 minutos

Ingredientes:

1 taza de leche de coco, sin azúcar

2 cucharaditas de aceite de coco, derretido

1½ cucharadas de cacao en polvo

1 cucharadita de cúrcuma molida

Una pizca de pimienta negra

Una pizca de pimienta de cayena

2 cucharaditas de miel cruda

Direcciones:

1. Pon la leche en una cacerola, caliéntala a fuego medio, agrega el aceite, el cacao en polvo, la cúrcuma, la pimienta negra, la cayena y la miel. Batir bien, cocinar por 5 minutos, verter en una taza y servir.

2. ¡Disfruta!

Información nutricional: calorías 281, grasa 12, fibra 4, carbohidratos 12, proteína 7

Porciones de huevos energéticos rápidos y picantes: 1

Tiempo de cocción: 3 minutos

Ingredientes:

1 cucharada de leche

1 cucharadita de mantequilla derretida

2 huevos

Una pizca de hierbas y especias: eneldo seco, orégano seco, perejil seco, tomillo seco y ajo en polvo

Direcciones:

1. Precaliente su horno a 325°F. Mientras tanto, cubra el fondo de una bandeja para hornear con leche y mantequilla.

2. Rompe los huevos suavemente sobre la capa de leche y mantequilla. Espolvorea los huevos con hierbas secas y ajo en polvo.

3. Introduce la bandeja en el horno. Hornee por 3 minutos o hasta que los huevos estén listos.

Información nutricional: Calorías 177 Grasa: 5,9 g Proteína: 8,8 g Sodio: 157 mg Carbohidratos totales: 22,8 g Fibra dietética: 0,7 g

Porciones de soufflés de queso cheddar y cebollino: 8

Tiempo de cocción: 25 minutos

Ingredientes:

½ taza de harina de almendras

¼ taza de cebollín picado

1 cucharadita de sal

½ cucharadita de goma xantana

1 cucharadita de mostaza molida

cucharadita de pimienta de cayena

½ cucharadita de pimienta negra molida

¾ taza de crema espesa

2 tazas de queso cheddar rallado

½ taza de polvo de hornear

6 huevos orgánicos, separados

Direcciones:

1. Encienda el horno, luego ajuste la temperatura a 350°F y deje que se precaliente.

2. Tome un tazón mediano, agregue la harina, agregue el resto de los ingredientes excepto el polvo de hornear y los huevos, y mezcle hasta que se combinen.

3. Separe las yemas y las claras de huevo en dos tazones, agregue las yemas de huevo a la mezcla de harina y bata hasta que se incorporen.

4. Agregue el polvo de hornear a las claras de huevo y bata con una batidora eléctrica hasta que se formen picos rígidos, luego incorpore las claras de huevo a la mezcla de harina hasta que estén bien mezclados.

5. Divida la masa de manera uniforme entre ocho moldes, luego hornee durante 25 minutos hasta que esté bien cocido.

6. Sirva inmediatamente o mantenga refrigerado hasta que esté listo para comer.

<u>Información nutricional:</u>Calorías 288, grasa total 21 g, carbohidratos totales 3 g, proteína 14 g

Tortitas de trigo sarraceno con leche de almendras y vainilla Porciones: 1

Ingredientes:

½ cucharadita Leche de almendras y vainilla sin azúcar

2-4 paquetes de edulcorante natural

1/8 de cucharadita sal

½ taza de harina de trigo sarraceno

½ cucharadita polvo de hornear de doble efecto

Direcciones:

1. Prepara una plancha antiadherente y rocíala con aceite en aerosol, ponla a fuego medio.

2. Mezcle la harina de trigo sarraceno, la sal, el polvo de hornear y la stevia en un tazón pequeño y luego agregue la leche de almendras.

3. En la sartén, vierta una cucharada grande de masa, cocine hasta que ya no aparezcan burbujas en la superficie y toda la superficie se vea seca y (2-4

minutos). Voltee y cocine por otros 2 a 4 minutos. Repita con toda la masa restante.

Información nutricional:Calorías: 240, Grasas: 4,5 g, Carbohidratos: 2 g, Proteínas: 11 g, Azúcares: 17 g, Sodio: 67 mg

Porciones de hueveras de espinacas y queso feta: 3

Tiempo de cocción: 25 minutos

Ingredientes:

Huevos, grandes – 6

Pimienta negra, molida – 0.125 cucharadita

Cebolla en polvo - 0.25 cucharadita

Ajo en polvo- 0.25 cucharaditas

Queso feta – 0.33 taza

Espinacas tiernas – 1.5 tazas

Sal marina – 0,25 cucharadita

Direcciones:

1. Precaliente su horno a 350 grados Fahrenheit, coloque la rejilla en el centro del horno y engrase un molde para muffins.

2. Unte las espinacas tiernas y el queso feta en el fondo de los doce moldes para muffins.

3. En un tazón, mezcle los huevos, la sal marina, el ajo en polvo, la cebolla en polvo y la pimienta negra hasta que la clara de huevo se descomponga por completo en una yema. Vierta el huevo sobre las espinacas y el queso en moldes para muffins, llenando los moldes tres cuartos de su capacidad. Coloque la sartén en el horno hasta que los huevos estén completamente cocidos, alrededor de dieciocho a veinte minutos.

4. Retire las hueveras de espinaca y queso feta del horno y sírvalas calientes o deje que los huevos se enfríen completamente a temperatura ambiente antes de refrigerarlos.

Porciones de Frittata para el desayuno: 2

Tiempo de cocción: 20 minutos

Ingredientes:

1 cebolla, picada

2 cucharadas de pimiento rojo picado

¼ lb de salchicha de pavo para el desayuno, cocida y desmenuzada 3 huevos batidos

pizca de pimienta de cayena

Direcciones:

1. Mezclar todos los ingredientes en un bol.

2. Vierta en una fuente pequeña para hornear.

3. Agregue la fuente para hornear a la canasta de la freidora.

4. Cocine en la freidora de aire durante 20 minutos.

Tazón de burrito de pollo y quinoa Porciones: 6

Tiempo de cocción: 5 horas

Ingredientes:

1 libra de muslos de pollo (sin piel, sin hueso)

1 taza de caldo de pollo

1 lata de tomates cortados en cubitos (14.5 oz)

1 cebolla (picada)

3 dientes de ajo (picados)

2 cucharaditas de chile en polvo

½ cucharadita de cilantro

½ cucharadita de ajo en polvo

1 pimiento (finamente picado)

15 oz de frijoles pintos (escurridos)

1 ½ tazas de queso cheddar (rallado)

Direcciones:

1. Combine el pollo, los tomates, el caldo, la cebolla, el ajo, el chile en polvo, el ajo en polvo, el cilantro y la sal. Pon la estufa a fuego lento.

2. Retire el pollo y desmenúcelo en trozos con un tenedor y un cuchillo.

3. Regrese el pollo a la olla de cocción lenta y agregue la quinua y los frijoles pintos.

4. Ponga la estufa a fuego lento durante 2 horas.

5. Agregue el queso encima y continúe cocinando, revolviendo suavemente, hasta que el queso se derrita.

6. Servir.

Información nutricional:Calorías 144 mg Grasa total: 39 g Carbohidratos: 68 g Proteína: 59 g Azúcar: 8 g Fibra 17 g Sodio: 756 mg Colesterol: 144 mg

Tostada De Aguacate Con Huevo Porciones: 3

Tiempo de cocción: 0 minutos

Ingredientes:

1½ cucharadita de manteca

1 rebanada de pan, sin gluten y tostado

½ aguacate, en rodajas finas

un puñado de espinacas

1 huevo revuelto o escalfado

Una pizca de hojuelas de pimiento rojo

Direcciones:

1. Extienda el ghee sobre la tostada. Adorne con las rodajas de aguacate y las hojas de espinaca. Colocar encima un huevo revuelto o escalfado. Terminar el relleno con una pizca de hojuelas de pimiento rojo.

Información nutricional: Calorías 540 Grasas: 18 g Proteínas: 27 g Sodio: 25 mg Carbohidratos totales: 73,5 g Fibra dietética: 6 g

Porciones de avena con almendras: 2

Tiempo de cocción: 0 minutos

Ingredientes:

1 taza de copos de avena a la antigua

½ taza de leche de coco

1 cucharada de jarabe de arce

¼ taza de arándanos

3 cucharadas de almendras picadas

Direcciones:

1. En un recipiente, mezcle los copos de avena con la leche de coco, el jarabe de arce y las almendras. Cubra y deje reposar durante la noche. Servir al día siguiente.

2. ¡Disfruta!

Información nutricional: calorías 255, grasa 9, fibra 6, carbohidratos 39, proteína 7

Porciones de tortitas de choco-nana: 2

Tiempo de cocción: 6 minutos

Ingredientes:

2 plátanos grandes, pelados y triturados

2 huevos grandes, criados en pastos

3 cucharadas de cacao en polvo

2 cucharadas de mantequilla de almendras

1 cucharadita de extracto puro de vainilla

1/8 cucharadita de sal

Aceite de coco para engrasar

Direcciones:

1. Precalienta una sartén a fuego medio-bajo y engrasa la sartén con aceite de coco.

2. Coloque todos los ingredientes en un procesador de alimentos y mezcle hasta que quede suave.

3. Vierta una masa (alrededor de ¼ de taza) sobre la sartén y forme un panqueque.

4. Cocine 3 minutos por cada lado.

Información nutricional:Calorías 303Grasa total 17g Grasa saturada 4gCarbohidratos totales 36gCarbohidratos netos 29gProteína 5gAzúcar: 15gFibra: 5gSodio: 108mgPotasio 549mg

Barra de batata y avena Porciones: 6

Tiempo de cocción: 35 minutos

Ingredientes:

Camote, cocido, en puré – 1 taza

Leche de almendras, sin azúcar - 0.75 tazas

huevo – 1

Pasta de dátiles - 1,5 cucharadas

Extracto de vainilla – 1,5 cucharaditas

Bicarbonato de sodio – 1 cucharadita

Canela molida- 1 cucharadita

Clavo molido – 0,25 cucharadita

Nuez moscada, molida – 0.5 cucharadita

Jengibre molido – 0,5 cucharaditas

Semillas de lino molidas - 2 cucharadas

Proteína en polvo – 1 porción

Harina de coco – 0.25 taza

Avena – 1 taza

Coco seco, sin azúcar – 0.25 tazas

Pacanas, picadas – 0.25 tazas

Direcciones:

1. Caliente el horno a 375 grados Fahrenheit y cubra una fuente para hornear cuadrada de ocho por ocho pulgadas con papel pergamino. Desea dejar papel pergamino a los lados de la sartén para levantarlo después de hornear las barras.

2. En su batidora de pie, agregue todos los ingredientes para las barras de avena y camote, excepto el coco seco y las nueces picadas.

Deje que la mezcla pulse durante unos momentos hasta que la mezcla esté suave, luego detenga la batidora. Es posible que deba raspar los lados de la licuadora y luego mezclar nuevamente.

3. Vierta el coco y las nueces en la masa y mézclelos con una espátula. No vuelvas a mezclar la mezcla, porque no quieres que estos pedazos se mezclen. Vierta la mezcla de barra de avena y camote en su sartén preparada y extiéndala.

4. Coloque su plato de barra de batata y avena en el medio de su horno y déjelo cocinar hasta que las barras estén listas, alrededor de veintidós

a los veinticinco minutos. Retire el plato del horno. Coloque una rejilla para enfriar al lado de la fuente para hornear, luego haga que el pergamino de cocina cobre vida a través del saliente y levántelo suavemente de la fuente y colóquelo en la rejilla para que se enfríe. Deje que las barras de avena y camote se enfríen por completo antes de rebanarlas.

Porciones de hash browns fáciles: 3

Tiempo de cocción: 35 minutos

Ingredientes:

croquetas de patata ralladas, congeladas – 1 libra

Huevos – 2

Sal marina – 0,5 cucharaditas

Ajo en polvo - 0,5 cucharaditas

Cebolla en polvo - 0.5 cucharaditas

Pimienta negra, molida – 0.125 cucharadita

Aceite de oliva virgen extra – 1 cucharada

Direcciones:

1. Comience calentando su waflera.

2. En un tazón de cocina, mezcle los huevos para romperlos, luego agregue los ingredientes restantes. Dóblelos todos juntos hasta que la papa esté cubierta uniformemente con el huevo y los condimentos.

3. Engrase su waflera y extienda un tercio de la mezcla de hash brown sobre ella. Ciérrelo y cocine las papas adentro hasta que estén doradas, alrededor

de doce a quince minutos. Una vez en el fondo, retire suavemente las croquetas de patata con un tenedor y luego continúe cocinando otro tercio de la mezcla y luego el último tercio.

4. Puede guardar las croquetas de patata cocidas en el refrigerador y luego recalentarlas en la plancha para gofres o en el horno para que vuelvan a estar crujientes más tarde.

Frittata de champiñones y espárragos

porciones: 1

Hora de cocinar:

Ingredientes:

Huevos – 2

Puntas de espárragos – 5

Agua – 1 cucharada

Aceite de oliva virgen extra – 1 cucharada

Champiñones, en rodajas – 3

Sal marina – pizca

Cebolla verde picada – 1

Queso de cabra semiblando – 2 cucharadas

Direcciones:

1. Precaliente su horno en la posición de asar mientras prepara su frittata. Prepare sus verduras, deseche el extremo duro de las puntas de los espárragos y luego córtelas en trozos pequeños.

2. Engrase una sartén resistente al horno de siete a ocho pulgadas y colóquela a fuego medio. Agregue los champiñones y déjelos saltear durante dos minutos antes de agregar los espárragos y cocinar por otros dos minutos. Cuando termine de cocinar, distribuya uniformemente las verduras en el fondo de la sartén.

3. En un plato pequeño de cocina, mezcle los huevos, el agua y la sal marina, luego vierta sobre las verduras salteadas. Espolvorea cebolla verde picada y queso de cabra desmenuzado encima de la frittata.

4. Deje que la sartén continúe cocinándose en la estufa sin tocarla hasta que los huevos revueltos en la frittata comiencen a asentarse en los bordes y se desprendan de los lados de la sartén. Levante con cuidado la sartén y gírela con movimientos circulares suaves para que el huevo se cocine de manera uniforme.

5. Transfiera su frittata al horno, cocinando debajo de la caldera hasta que el huevo esté completamente listo, otros dos o tres minutos. Vigila el huevo para tu frittata, para que no se cocine demasiado. Tan pronto como esté lista, sácala del horno, transfiere la frittata a un plato y disfrútala bien caliente.

Cazuela de tostadas francesas en olla de cocción lenta Porciones: 9

Tiempo de cocción: 4 horas

Ingredientes:

2 huevos

2 claras de huevo

1 ½ leche de almendras o leche 1%

2 cucharadas de miel cruda

1/2 cucharadita de canela

1 cucharadita de extracto de vainilla

9 rebanadas de pan

Para rellenar:

3 tazas de manzanas (picadas)

2 cucharadas de miel cruda

1 cucharada de jugo de limón

1/2 cucharadita de canela

1/3 taza de pecanas

Direcciones:

1. Poner los primeros seis elementos en un bol y mezclar.

2. Engrase la olla de cocción lenta con spray antiadherente para cocinar.

3. Combine todos los ingredientes del relleno en un tazón pequeño y reserve. Cubre bien los trozos de manzana con el relleno.

4. Corta las rebanadas de pan por la mitad (triángulo), luego coloca tres rebanadas de manzana en el fondo y un poco de limón encima. Coloque las rebanadas de pan en capas y rellene en el mismo patrón.

5. Poner el batido de huevo sobre las capas de pan y el relleno.

6. Ponga la estufa a temperatura alta durante 2 horas y media oa temperatura baja durante 4 horas.

Información nutricional:Calorías 227 Grasa total: 7g Carbohidratos: 34g Proteína: 9g Azúcar: 19g Fibra 4g Sodio: 187mg

Porciones de pavo con tomillo y salvia: 4

Tiempo de cocción: 25 minutos

Ingredientes:

1 libra de pavo molido

½ cucharadita de canela

½ cucharadita de ajo en polvo

1 cucharadita de romero fresco

1 cucharadita de tomillo fresco

1 cucharadita de sal marina

2 cucharaditas de salvia fresca

2 cucharadas de aceite de coco

Direcciones:

1. Combine todos los ingredientes, excepto el aceite, en un tazón para mezclar.

Refrigere durante la noche o durante 30 minutos.

2. Vierta el aceite en la mezcla. Forme la mezcla en cuatro empanadas.

3. En una sartén ligeramente engrasada a fuego medio, cocine las hamburguesas durante 5 minutos por cada lado, o hasta que el centro ya no esté rosado. También puedes cocinarlos horneándolos en el horno durante 25

minutos a 400°F.

<u>Información nutricional:</u>Calorías 284 Grasas: 9,4 g Proteínas: 14,2 g Sodio: 290 mg Carbohidratos totales: 36,9 g Fibra dietética: 0,7 g

Batido de cereza y espinacas Porciones: 1

Tiempo de cocción: 0 minutos

Ingredientes:

1 taza de kéfir simple

1 taza de cerezas congeladas, sin hueso

½ taza de espinacas tiernas

¼ taza de puré de aguacate maduro

1 cucharada de mantequilla de almendras

1 pieza de jengibre pelado (1/2 pulgada)

1 cucharadita de semillas de chía

Direcciones:

1. Coloque todos los ingredientes en una licuadora. Pulse hasta que quede suave.

2. Enfríe en el refrigerador antes de servir.

Información nutricional:Calorías 410 Grasa total 20g Carbohidratos totales 47g Carbohidratos netos 37g Proteína 17g Azúcar 33g Fibra: 10g Sodio: 169mg

Porciones de patatas de desayuno: 2

Tiempo de cocción: 15 minutos

Ingredientes:

5 papas, en cubos

1 cucharada de aceite

½ cucharadita de ajo en polvo

¼ cucharadita de pimienta

½ cucharadita de pimentón ahumado

Direcciones:

1. Precaliente su freidora de aire a 400 grados F durante 5 minutos.

2. Mezcle las papas en el aceite.

3. Sazone con ajo en polvo, pimienta y paprika.

4. Agregue las papas a la canasta de la freidora.

5. Cocine en la freidora durante 15 minutos.

Porciones de avena instantánea con plátano: 1

Ingredientes:

1 puré de plátano maduro

½ cucharadita el agua

½ cucharadita harina de avena

Direcciones:

1. Mida la avena y el agua en un recipiente apto para microondas y mezcle.

2. Coloque el tazón en el microondas y caliéntelo a temperatura alta durante 2 minutos.

3. Retire el tazón del microondas y agregue el puré de plátano y disfrute.

Información nutricional:Calorías: 243, Grasas: 3 g, Carbohidratos: 50 g, Proteínas: 6 g, Azúcares: 20 g, Sodio: 30 mg

Batido de plátano y mantequilla de almendras

Porciones: 1

Ingredientes:

1 cucharada. mantequilla de almendras

½ cucharadita cubos de hielo

½ cucharadita espinacas envasadas

1 plátano mediano pelado y congelado

1 c/u leche desnatada

Direcciones:

1. En una licuadora potente, combine todos los ingredientes hasta que quede suave y cremoso.

2. Sirve y disfruta.

Información nutricional:Calorías: 293, Grasas: 9,8 g, Carbohidratos: 42,5 g, Proteínas: 13,5

g, Azúcares: 12 g, Sodio: 111 mg

Barrita energética de chía y chocolate sin hornear Porciones: 14

Tiempo de cocción: 0 minutos

Ingredientes:

1 ½ tazas de dátiles empacados y sin hueso

1 taza de coco rallado sin azúcar

1 taza de trozos de nuez cruda

1/4 taza (35 g) de cacao en polvo natural

1/2 taza (75 g) de semillas de chía enteras

1/2 taza (70 g) de chocolate amargo picado

1/2 taza (50 g) de copos de avena

1 cucharadita de extracto puro de vainilla, opcional, realza el sabor 1/4 de cucharadita de sal marina sin refinar

Direcciones:

1. Triture los dátiles en una licuadora hasta que se forme una pasta espesa.

2. Agregue nueces y revuelva para combinar.

3. Añadir el resto de la fijación y mezclar hasta formar una pasta espesa.

4. Cubra una bandeja rectangular forrada con papel pergamino. Coloque la mezcla firmemente en la sartén y colóquela directamente en todas las esquinas.

5. Coloque en el congelador hasta la medianoche, durante al menos unas horas.

6. Sacar de la sartén y cortar en 14 tiras.

7. Coloque en el refrigerador o en un recipiente hermético.

Información nutricional:Azúcar 17 g Grasas: 12 g Calorías: 234 Hidratos de carbono: 28 g Proteínas: 4,5 g

Tazón de desayuno con sabor a fruta y linaza

Porciones: 1

Tiempo de cocción: 5 minutos

Ingredientes:

Para la papilla:

taza de semillas de lino, recién molidas

¼ de cucharadita de canela, molida

1 taza de leche de almendras o de coco

1 plátano mediano, machacado

Una pizca de sal marina fina

Para las coberturas:

Arándanos, frescos o descongelados

Nueces, picadas crudas

Jarabe de arce puro (opcional)

Direcciones:

1. En una cacerola mediana colocada a fuego medio, combine todos los ingredientes para la papilla. Revuelva constantemente durante 5 minutos, o hasta que la papilla se espese y hierva.

2. Transfiera la papilla cocida a un tazón para servir. Cubra con los ingredientes y rocíe con un poco de jarabe de arce si lo desea un poco más dulce.

Información nutricional:Calorías 780 Grasa: 26 g Proteína: 39 g Sodio: 270 mg Carbohidratos totales: 117,5 g

Porciones de avena para el desayuno en olla de cocción lenta: 8

Ingredientes:

4 cama. leche de almendras

2 sobres de stevia

2 hab. avena cortada en acero

1/3 cucharadita albaricoques secos picados

4 cama. el agua

1/3 cucharadita cerezas secas

1C canela

1/3 cucharadita uvas pasas

Direcciones:

1. En una olla de cocción lenta, combine bien todos los ingredientes.

2. Cubrir y dejar bajo.

3. Cocine por 8 horas.

4. Puedes programarlo la noche anterior para que por la mañana tengas listo el desayuno.

Información nutricional:Calorías: 158,5, Grasas: 2,9 g, Carbohidratos: 28,3 g, Proteínas: 4,8

g, Azúcares: 11 g, Sodio: 135 mg

Porciones de Pan de centeno: 12

Tiempo de cocción: 2 horas, 30 minutos

Ingredientes:

Harina de centeno- 3 tazas

Harina de trigo integral – 1 taza

Harina de maíz - 0.5 tazas

Cacao en polvo – 1 cucharada

Levadura seca activa – 1 cucharada

Semillas de alcaravea- 2 cucharaditas

Sal marina – 1,5 cucharaditas

Agua, tibia – 1.5 tazas, divididas

Pasta de dátiles - 0.25 tazas, divididas

Aceite de aguacate – 1 cucharada

Puré de batatas – 1 taza

Lavado de huevo – 1 clara de huevo + 1 cucharada de agua

Direcciones:

1. Prepare un molde para pan de nueve por cinco pulgadas forrándolo con papel pergamino, luego engráselo ligeramente.

2. En una cacerola, mezcle una taza de agua con la harina de maíz hasta que esté caliente y espesa, unos cinco minutos. Asegúrate de seguir revolviendo mientras se calienta para evitar grumos. Una vez que espese, retire la sartén del fuego y agregue la pasta de dátiles, el cacao en polvo, las semillas de alcaravea y el aceite de aguacate. Deje la sartén a un lado hasta que el contenido se haya enfriado y esté tibio.

3. Agregue la media taza restante de agua tibia a una fuente grande para hornear para mezclar con la levadura, revolviendo hasta que la levadura se haya disuelto. Deje reposar esta mezcla para el pan de centeno durante unos diez minutos hasta que florezca y forme burbujas hinchadas.

Esto se hace mejor en un lugar cálido.

4. Una vez que la levadura haya florecido, agregue la mezcla de agua de harina de maíz tibia al plato para mezclar, junto con el puré de batatas.

Una vez que los líquidos y la papa estén combinados, agregue las harinas integrales y de centeno integral. Amasar la mezcla durante diez minutos, preferiblemente con una batidora de pie y un gancho para masa. la masa esta lista cuando forme una bola cohesiva que sea suave y se separe de los bordes del plato para mezclar.

5. Retire el gancho para amasar y cubra el plato para mezclar con plástico de cocina o con un paño de cocina limpio y húmedo. Coloque el plato para mezclar de la cocina en un lugar cálido para que suba hasta que la masa haya duplicado su tamaño, aproximadamente una hora.

6. Caliente su horno a 375 grados Fahrenheit para preparar el pan.

7. Déle a la masa una bonita forma de tronco y colóquela en su molde para pan preparado. Bate el huevo batido, luego usa una brocha de repostería para cepillarlo ligeramente sobre la parte superior del pan preparado. Si lo desea, use un cuchillo afilado para marcar el pan para un diseño decorativo.

8. Coloque su pan en el medio de su horno caliente y déjelo hornear hasta que tome un maravilloso color oscuro y cuando lo golpee haga un sonido hueco, alrededor de una hora. Retire el pan de centeno del horno y deje que se enfríe en la fuente durante cinco minutos antes de retirar el pan de centeno de la fuente y transferir el pan a una rejilla para continuar enfriándose. No cortes el pan hasta que esté completamente frío.

Pudín de frambuesa, coco y chía Porciones: 4

Tiempo de cocción: 0 minutos

Ingredientes:

¼ taza de semillas de chía

½ cucharada de stevia

1 taza de leche de coco, sin azúcar, entera

2 cucharadas de almendras

¼ taza de frambuesas

Direcciones:

1. Tome un tazón grande, agregue las semillas de chía junto con la stevia y la leche de coco, revuelva hasta que la mezcla se combine y refrigere durante la noche hasta que espese.

2. Saque el budín del refrigerador, cúbralo con almendras y bayas, luego sirva.

Información nutricional: Calorías 158, grasa total 14,1 g, carbohidratos totales 6,5 g, proteína 2 g, azúcar 3,6 g, sodio 16 mg

Porciones de ensalada de desayuno de fin de semana: 4

Tiempo de cocción: 0 minutos

Ingredientes:

Huevos, cuatro duros

limón, un

Rúcula, diez tazas

Quinoa, una taza cocida y enfriada

Aceite de oliva, dos cucharadas

Eneldo, picado, media taza

Almendras picadas, una taza

Aguacate, una rebanada grande y delgada

Pepino, picado, media taza

Tomate, un corte grande en gajos

Direcciones:

1. Mezcle la quinoa, el pepino, los tomates y la rúcula. Mezcle ligeramente estos ingredientes con aceite de oliva, sal y pimienta. Transfiera y coloque el huevo y el aguacate encima. Cubra cada ensalada con almendras y hierbas. Rocíe con jugo de limón.

Información nutricional:Calorías 336 grasa 7,7 gramos proteína 12,3 gramos carbohidratos 54,6 gramos azúcar 5,5 gramos fibra 5,2 gramos

Delicioso arroz con queso vegetariano con brócoli y coliflor

Porciones: 2

Tiempo de cocción: 7 minutos

Ingredientes:

½ taza de floretes de brócoli, en arroz

1½ tazas de floretes de coliflor, en arroz

cucharadita de ajo en polvo

cucharadita de sal

¼ de cucharadita de pimienta negra molida

1/8 de cucharadita de nuez moscada molida

½ cucharada de mantequilla sin sal

1/8 taza de mascarpone

¼ taza de queso cheddar fuerte rallado

Direcciones:

1. Tome un tazón mediano resistente al calor, agregue todos los ingredientes excepto el mascarpone y el queso cheddar, y revuelva hasta que se mezclen.

2. Coloque el tazón en el microondas, cocine en el microondas a temperatura alta durante 5 minutos, luego agregue el queso y continúe cocinando durante 2 minutos.

3. Agregue el queso mascarpone al tazón, revuelva hasta que la mezcla esté cremosa y sirva de inmediato.

<u>Información nutricional:</u>Calorías 138, grasa total 9,8 g, carbohidratos totales 6,6 g, proteína 7,5 g, azúcar 2,4 g, sodio 442 mg

Porciones de tostadas mediterráneas: 2

Ingredientes:

1 ½ cucharadita feta ligero desmenuzado

3 aceitunas griegas en rodajas

puré de aguacate

1 rebanada de buen pan integral

1 cucharada. Hummus de pimiento rojo asado

3 tomates cherry en rodajas

1 huevo duro rebanado

Direcciones:

1. Primero, tueste el pan y cubra con ¼ de puré de aguacate y 1 hummus.

2. Agregue los tomates cherry, las aceitunas, el huevo duro y el queso feta.

3. Al gusto, sazone con sal y pimienta.

Información nutricional:Calorías: 333,7, Grasas: 17 g, Hidratos de carbono: 33,3 g, Proteínas: 16,3

g, Azúcares: 1 g, Sodio: 700 mg

Ensalada de camote para el desayuno

Porciones: 2

Tiempo de cocción: 0 minutos

Ingredientes:

1 cucharada de proteína en polvo

¼ taza de arándanos

¼ taza de frambuesas

1 plátano, pelado

1 batata, horneada, pelada y en cubos

Direcciones:

1. Pon la patata en un bol y tritúrala con un tenedor. Agregue el plátano y la proteína en polvo y mezcle bien. Agregue las bayas, mezcle y sirva frío.

2. ¡Disfruta!

Información nutricional: calorías 181, grasa 1, fibra 6, carbohidratos 8, proteína 11

Tazas de papas hash brown de desayuno falso

Porciones: 8

Ingredientes:

40 g de cebolla picada

8 huevos grandes

7 ½ g de ajo en polvo

2 ½ g de pimienta

170 g queso ligero rallado

170 g de batata rallada

2 ½ g de sal

Direcciones:

1. Precaliente el horno a 4000F y prepare un molde para muffins con tazas.

2. Coloque las batatas ralladas, la cebolla, el ajo y las especias en un tazón y mezcle bien, antes de agregar una cucharada a cada taza. Agregue un huevo grande a cada taza y continúe cocinando durante 15 minutos hasta que los huevos estén listos.

3. Sirva frío o almacene.

Información nutricional:Calorías: 143, Grasas: 9,1 g, Carbohidratos: 6 g, Proteínas: 9 g, Azúcares: 0 g, Sodio: 290 mg

Porciones de tortilla de espinacas y champiñones: 2

Ingredientes:

2 cucharadas. Aceite de oliva

2 huevos enteros

3 hab. espinacas, frescas

Spray para cocinar

10 champiñones bella pequeños, en rodajas

8 cucharadas Cebolla roja en rodajas

4 claras de huevo

2 onzas. queso de cabra

Direcciones:

1. Coloque una sartén a fuego medio-alto y agregue las aceitunas.

2. Agregue cebollas rojas en rodajas a la sartén y revuelva hasta que estén transparentes.

A continuación, agregue los champiñones a la sartén y continúe revolviendo hasta que estén ligeramente dorados.

3. Agregue las espinacas y revuelva hasta que se ablanden. Sazone con un poco de pimienta y sal. Retire del fuego.

4. Rocíe una cacerola pequeña con aceite en aerosol y colóquela a fuego medio.

5. Rompe 2 huevos enteros en un tazón pequeño. Agrega 4 claras de huevo y bate para combinar.

6. Vierta los huevos batidos en la sartén pequeña y deje reposar la mezcla durante un minuto.

7. Use una espátula para trabajar suavemente alrededor de los bordes de la sartén.

Levante la sartén e inclínela hacia abajo y alrededor en un estilo circular para permitir que los huevos líquidos lleguen al centro y se cocinen alrededor de los bordes de la sartén.

8. Agregue queso de cabra desmenuzado a un lado de la parte superior de la tortilla junto con la mezcla de champiñones.

9. A continuación, doble suavemente el otro lado de la tortilla sobre el lado de los champiñones con la espátula.

10. Cocine durante treinta segundos. Luego transfiera la tortilla a un plato.

Información nutricional:Calorías: 412, Grasas: 29 g, Carbohidratos: 18 g, Proteínas: 25 g, Azúcares: 7 g, Sodio: 1000 mg

Wraps de lechuga con pollo y verduras

Porciones: 2

Tiempo de cocción: 15 minutos

Ingredientes:

½ cucharada de mantequilla sin sal

lb de pollo molido

1/8 taza de calabacín, picado

¼ de pimiento verde, sin semillas y picado

1/8 taza de calabaza amarilla, picada

¼ de cebolla mediana, picada

½ cucharadita de ajo picado

Pimienta negra recién molida, al gusto

¼ de cucharadita de curry en polvo

½ cucharada de salsa de soya

2 hojas grandes de lechuga

½ taza de parmesano rallado

Direcciones:

1. Tome una sartén, colóquela a fuego medio, agregue la mantequilla y el pollo, desmenúcelo y cocine por unos 5 minutos hasta que el pollo ya no esté rosado.

2. Luego agregue el calabacín, el pimiento, la calabaza, la cebolla y el ajo a la sartén, revuelva hasta que se mezclen y cocine por 5 minutos.

3. Luego sazone con pimienta negra y curry en polvo, rocíe con salsa de soja, revuelva bien y continúe cocinando durante 5 minutos, reserve hasta que se necesite.

4. Ensamble las envolturas y, para hacer esto, extienda la mezcla de pollo de manera uniforme sobre cada hoja de lechuga, luego cubra con queso y sirva.

5. Para preparar la comida, coloque la mezcla de pollo en un recipiente hermético y refrigere hasta por dos días.

6. Cuando esté listo para comer, recaliente la mezcla de pollo en el microondas hasta que esté caliente, luego cubra con hojas de lechuga y sirva.

Información nutricional:Calorías 71, grasa total 6,7 g, carbohidratos totales 4,2 g, proteína 4,8 g, azúcar 30,5 g, sodio 142 mg

Tazón cremoso de plátano y canela Porciones: 1

Tiempo de cocción: 3 minutos

Ingredientes:

1 plátano grande, maduro

¼ de cucharadita de canela, molida

Una pizca de sal marina celta

2 cucharadas de mantequilla de coco, derretida

Elección de toppings: frutas, semillas o frutos secosDirecciones:

1. Triture el plátano en un tazón para mezclar. Agregue canela y sal marina celta. Poner a un lado.

2. Caliente la manteca de coco en una cacerola a fuego lento.

Vierta la mantequilla caliente sobre la mezcla de plátano.

3. Para servir, adorna con tu fruta, semilla o nuez favorita.

Información nutricional:Calorías 564 Grasa: 18,8 g Proteína: 28,2 g Sodio: 230 mg Carbohidratos totales: 58,2 g Fibra dietética: 15,9 g

Buen cereal con arándanos y canela Porciones: 2

Tiempo de cocción: 35 minutos

Ingredientes:

1 taza de cereal (elección de amaranto, trigo sarraceno o quinua) 2 ½ tazas de agua de coco o leche de almendras

1 rama de canela

2 dientes enteros

1 vaina de anís estrellado (opcional)

Fruta fresca: manzanas, moras, arándanos, peras o caquis

Jarabe de arce (opcional)

Direcciones:

1. Hierva los granos, el agua de coco y las especias en una cacerola. Cubra, luego baje el fuego a medio-bajo. Cocine a fuego lento en 25 minutos.

2. Para servir, deseche las especias y decore con rodajas de fruta. Si lo desea, rocíe con jarabe de arce.

Información nutricional: Calorías 628 Grasas: 20,9 g Proteínas: 31,4 g Sodio: 96 mg Carbohidratos totales: 112,3 g Fibra dietética: 33,8 g

Porciones de tortilla de desayuno: 2

Tiempo de cocción: 10 minutos

Ingredientes:

2 huevos batidos

1 tallo de cebolla verde, picado

½ taza de champiñones, en rodajas

1 pimiento rojo, cortado en cubitos

1 cucharadita de condimento de hierbas

Direcciones:

1. Batir los huevos en un bol. Incorporar el resto de los ingredientes.

2. Vierta la mezcla de huevo en una fuente pequeña para hornear. Agregue la sartén a la canasta de la freidora.

3. Hornee en la cesta de la freidora a 350 grados F durante 10 minutos.

Información nutricional:Calorías 210 Carbohidratos: 5g Grasa: 14g Proteína: 15g

Pan Integral Para Sándwich Porciones: 12

Tiempo de cocción: 3 horas, 20 minutos

Ingredientes:

Harina de trigo integral blanca – 3.5 tazas

Aceite de oliva virgen extra – 0,25 taza

Pasta de dátil – 0.25 taza

Leche de su elección, caliente – 1.125 tazas

Sal marina – 1,25 cucharadita

Levadura seca activa – 2,5 cucharaditas

Direcciones:

1. Prepare un molde para pan de nueve por cinco pulgadas forrándolo con papel pergamino, luego engráselo ligeramente.

2. En un plato grande de cocina, combina todos los ingredientes con una espátula. Una vez combinados, deje reposar el contenido durante treinta minutos.

3. Comience a amasar la masa hasta que esté suave, elástica y flexible—

unos siete minutos. Puede amasar a mano, pero usar una batidora de pie y un gancho para masa es el método más fácil.

4. Con la masa amasada en su recipiente para mezclar usado anteriormente, cubra el recipiente para mezclar con plástico de cocina o un paño de cocina limpio y húmedo en un lugar cálido para que suba hasta que duplique su tamaño, alrededor de una hora o dos.

5. Desinfla suavemente la masa y dale forma de un buen tronco antes de colocarla en el molde para pan preparado. Cubra la sartén con el plástico o la toalla que usó anteriormente y déjela crecer en el espacio tibio hasta que haya duplicado su tamaño, una o dos horas más.

6. Cuando el pan esté casi listo, calienta el horno a 350 grados Fahrenheit.

7. Retire el recubrimiento de su pan con levadura y coloque el pan en el medio de su horno caliente. Coloque con cuidado papel de aluminio sobre el pan sin desinflarlo, para evitar que se dore demasiado rápido. Permita que el pan se hornee de esta manera durante treinta y cinco a cuarenta minutos antes de retirar el papel aluminio y continuar horneando el pan durante otros veinte minutos. El pan está listo cuando tiene un hermoso color dorado y suena hueco al golpearlo.

8. Deje que el pan integral se enfríe en el molde durante cinco minutos antes de retirarlo del metal y transferirlo a una rejilla para que termine de enfriarse. Deje que el pan se enfríe completamente antes de rebanarlo.

Gyros de pollo desmenuzado

Ingredientes:

2 cebollas medianas, en rodajas

6 dientes de ajo, picados

1 cucharadita de saborizante de limón y pimienta

1 cucharadita de orégano seco

1/2 cucharadita de pimienta de Jamaica molida

1/2 taza de agua

1/2 taza de jugo de limón

1/4 taza de vinagre de vino tinto

2 cucharadas de aceite de oliva

2 libras de pechugas de pollo deshuesadas y sin piel

8 panes de pita enteros

Guarniciones discrecionales: salsa tzatziki, lechuga romana desgarrada y tomate cortado, pepino y cebolla

Direcciones:

1. En un 3-qt. olla de cocción lenta, consolide las 9 fijaciones iniciales; incluir pollo. Cocine, seguro, a fuego lento durante 3-4 horas o hasta que el pollo esté tierno (un termómetro debe indicar al menos 165 °).

2. Retire el pollo de la olla de cocción lenta moderada. Rallar con 2 tenedores; volver a la olla de cocción lenta. Usando pinzas, coloque la mezcla de pollo sobre los panes de pita. Presentar con guarniciones.

Sopa De Camote Porciones: 6

Tiempo de cocción: 15 minutos

Ingredientes:

2 cucharadas de aceite de oliva

1 cebolla mediana, picada

1 lata de chiles verdes

1 cucharadita de comino molido

1 cucharadita de jengibre molido

1 cucharadita de sal marina

4 tazas de batatas, peladas y picadas 4 tazas de caldo de verduras orgánico bajo en sodio 2 cucharadas de cilantro fresco, picado

6 cucharadas de yogur griego

Direcciones:

1. Caliente el aceite de oliva a fuego medio en una olla grande. Agregue la cebolla y saltee hasta que esté tierna. Agregue los chiles verdes y los condimentos y cocine por 2 minutos.

2. Agregue las batatas y el caldo de verduras y deje hervir.

3. Cocine a fuego lento en 15 minutos.

4. Agregue el cilantro picado.

5. Licue la mitad de la sopa hasta que quede suave. Regréselo a la olla con el resto de la sopa.

6. Sazone con sal marina adicional si lo desea y cubra con una cucharada de yogur griego.

<u>Información nutricional:</u>Carbohidratos totales 33g Fibra dietética: 5g
Proteínas: 6g Grasas totales: 5g Calorías: 192

Tazones de burrito de quinua:

1 fórmula Cilantro Lima Quinoa

Para los frijoles negros:

1 lata de frijoles negros

1 cucharadita de comino molido

1 cucharadita de orégano seco

sal al gusto

Para el pico de gallo con tomate cherry:

1 16 onzas de tomates cherry o pasas, cortados en cuartos 1/2 taza de cebolla roja, cortada en cubitos

1 cucharada de chile jalapeño picado (sin costillas ni semillas, en cualquier momento)

1/2 taza de cilantro crujiente, partido

2 cucharadas de jugo de lima

sal al gusto

Para encuadernaciones:

jalapeños secos cortados

1 aguacate, cortado en cubitos

Direcciones:

1. Prepara la quínoa con cilantro y lima y mantenla caliente.

2. En una cacerola pequeña, combine los frijoles negros y su jugo con el comino y el orégano a fuego medio. Revuelva periódicamente hasta que los frijoles estén calientes. Pruebe y agregue sal, si lo desea.

3. Consolidar los ingredientes para el tomate cherry pico de gallo en un bowl y desechar bien.

4. Para preparar los tazones de burrito, divida la quinoa con cilantro y lima en cuatro platos. Incluya una cuarta parte de los frijoles negros a cada uno. Cubra con tomates cherry pico de gallo, jalapeños en escabeche picados y aguacate.

¡Disfrutar!

5. Nota:

6. Todos los componentes de estos platos se pueden preparar temprano y recoger cuando estén listos para comer. Puede recalentar la quinua y los frijoles o disfrutarlos a temperatura ambiente. Me gusta provocar los segmentos a lo largo de la semana para poder disfrutar de tazones de burrito de quinua para el almuerzo durante la semana.

Brócolini De Almendras Porciones: 6

Tiempo de cocción: 5 minutos

Ingredientes:

1 chile rojo fresco, sin semillas y finamente picado 2 floretes de brócolini, recortados

1 cucharada de aceite de oliva virgen extra

2 dientes de ajo, en rodajas finas

1/4 taza de almendras naturales, picadas en trozos grandes

2 cucharaditas de ralladura de limón finamente rallada

4 anchoas en aceite picadas

Un chorrito de jugo de limón fresco

Direcciones:

1. Precalentar un poco de aceite en una sartén. Agregue 2 cucharaditas de ralladura de limón, anchoas escurridas, guindilla finamente picada y guantes en rodajas finas.

Cocine durante unos 30 segundos, revolviendo constantemente.

2. Agregue 1/4 taza de almendras picadas en trozos grandes y cocine por un minuto.

Apague el fuego y agregue jugo de limón encima.

3. Coloque la canasta de vapor sobre una cacerola con agua hirviendo. Agregue el broccolini a una canasta y cúbralo.

4. Cocine hasta que estén tiernos pero crujientes, unos 3-4 minutos. Escurrir y luego transferir a la fuente de servir.

5. Decora con la mezcla de almendras y ¡disfruta!

Información nutricional:414 calorías 6,6 g de grasa 1,6 g de carbohidratos totales 5,4 g de proteína

Plato de quinoa:

1/2 taza de quinua, seca

2 cucharadas de aguacate o aceite de coco

2 dientes de ajo, machacados

1/2 taza de maíz, enlatado o solidificado

3 pimientos morrones grandes, picados

1/2 chile jalapeño mediano, sin semillas y picado 1 cucharada de comino

Envase de 15 oz de frijoles negros, enjuagados y colados 1 taza de cilantro, finamente picado y dividido 1/2 taza de cebollas verdes, finamente picadas y divididas 2 tazas de queso cheddar Tex Mex, triturado y separado 3/4 taza de leche de coco enlatada

1/4 cucharadita de sal

Direcciones:

1. Cocine la quinoa según las instrucciones del paquete y guárdela en un lugar seguro. Precaliente la parrilla a 350 grados F.

2. Precaliente una sartén grande de arcilla antiadherente a fuego medio y agite el aceite para cubrir. Incluya el ajo y cocine por 30 segundos, generalmente revolviendo. Incluya maíz, pimientos, jalapeños y comino.

Mezclar y saltear sin perturbar durante 3 minutos, mezclar de nuevo y saltear durante otros 3 minutos.

3. Mezcle en un tazón grande para mezclar con quinua cocida, frijoles negros, 3/4 taza de cilantro, 1/4 taza de cebollas verdes, 1/2 taza de queso cheddar, leche de coco y sal. Mezcle bien, transfiera a un plato de preparación de 8 x 11, espolvoree con la 1/2 taza de queso cheddar restante y caliente durante 30 minutos revelado.

4. Retire de la parrilla, espolvoree con 1/4 taza de cilantro y 1/4 taza de cebollas verdes. servir tibio

Ensalada de huevo para comer limpio

Porciones: 2

Tiempo de cocción: 0 minutos

Ingredientes:

6 huevos orgánicos de pastoreo, duros

1 aguacate

¼ taza de yogur griego

2 cucharadas de mayonesa de aceite de oliva

1 cucharadita de eneldo fresco

Sal marina al gusto

lechuga para servir

Direcciones:

1. Triture los huevos duros y el aguacate juntos.

2. Agregue el yogur griego, la mayonesa de aceite de oliva y el eneldo fresco.

3. Sazone con sal marina. Servir sobre una cama de lechuga.

Información nutricional: Carbohidratos totales 18g Fibra dietética: 10g

Proteínas: 23g Grasas totales: 38g Calorías: 486

Porciones de chile con frijoles blancos: 4

Tiempo de cocción: 20 minutos

Ingredientes:

¼ taza de aceite de oliva virgen extra

2 cebollas pequeñas, cortadas en dados de ¼ de pulgada

2 tallos de apio, en rodajas finas

2 zanahorias pequeñas, peladas y en rodajas finas

2 dientes de ajo, picados

2 cucharaditas de comino molido

1½ cucharaditas de orégano seco

1 cucharadita de sal

¼ de cucharadita de pimienta negra recién molida

3 tazas de caldo de verduras

1 lata (15½ onzas) de frijoles blancos, escurridos y enjuagados ¼ de perejil fresco de hoja plana finamente picado

2 cucharaditas de ralladura de limón rallada o picada

Direcciones:

1. Caliente el aceite a fuego alto en un horno holandés.

2. Agregue las cebollas, el apio, las zanahorias y el ajo y saltee hasta que se ablanden, de 5 a 8 minutos.

3. Agregue comino, orégano, sal y pimienta y saltee para tostar las especias, aproximadamente 1 minuto.

4. Poner el caldo y hervir.

5. Lleve a fuego lento, agregue los frijoles y cocine, parcialmente tapados y revolviendo ocasionalmente, durante 5 minutos para desarrollar los sabores.

6. Mezcle el perejil y la ralladura de limón y sirva.

Información nutricional: Calorías 300 Grasa total: 15g Carbohidratos totales: 32g Azúcar: 4g Fibra: 12g Proteína: 12g Sodio: 1183mg

Porciones de atún al limón: 4

Tiempo de cocción: 18 minutos

Ingredientes:

4 filetes de atún

1 cucharada de aceite de oliva

½ cucharadita de pimentón ahumado

¼ de cucharadita de granos de pimienta negra, triturados

Jugo de 1 limón

4 cebollas verdes, picadas

1 cucharada de cebollín, picado

Direcciones:

1. Caliente una sartén con el aceite a fuego medio-alto, agregue las cebollas verdes y saltee por 2 minutos.

2. Agrega los filetes de atún y dóralos durante 2 minutos por cada lado.

3. Agregue los ingredientes restantes, mezcle suavemente, coloque la fuente en el horno y hornee a 360 grados F durante 12 minutos.

4. Divida todo entre los platos y sirva para el almuerzo.

Información nutricional:calorías 324, grasa 1, fibra 2, carbohidratos 17, proteína 22

Tilapia con espárragos y calabaza bellota

Porciones: 4

Tiempo de cocción: 30 minutos

Ingredientes:

2 cucharadas de aceite de oliva virgen extra

1 calabaza de bellota mediana, sin semillas y en rodajas finas o gajos de espárragos de 1 libra, sin extremos leñosos y cortados en trozos de 2 pulgadas

1 chalote grande, picado

Filetes de tilapia de una libra

½ taza de vino blanco

1 cucharada de perejil de hoja plana fresco picado 1 cucharadita de sal

¼ de cucharadita de pimienta negra recién molida

Direcciones:

1. Precaliente el horno a 400°F. Engrasa la bandeja para hornear con el aceite.

2. Coloque la calabaza, los espárragos y la chalota en una sola capa sobre la bandeja para hornear. Asado dentro de 8 a 10 minutos.

3. Poner la tilapia y agregar el vino.

4. Espolvorea con perejil, sal y pimienta.

5. Asado en 15 minutos. Retire, luego deje reposar 5 minutos y sirva.

Información nutricional:Calorías 246 Grasa total: 8g Carbohidratos totales: 17g Azúcar: 2g Fibra: 4g Proteína: 25g Sodio: 639mg

Guarnición de pollo al horno con aceitunas, tomates y albahaca

Porciones: 4

Tiempo de cocción: 45 minutos

Ingredientes:

8 muslos de pollo

tomates ciruela pequeños

1 cucharada de pimienta negra y sal

1 cucharada de aceite de oliva

15 hojas de albahaca (grandes)

aceitunas negras pequeñas

1-2 hojuelas de pimiento rojo fresco

Direcciones:

1. Marinar las piezas de pollo con todas las especias y el aceite de oliva y dejar reposar un rato.

2. Ensamble las piezas de pollo en una sartén con borde con tomates, hojas de albahaca, aceitunas y hojuelas de chile.

3. Hornea este pollo en un horno ya precalentado (a 220C) durante 40 minutos.

4. Cocine hasta que el pollo esté tierno, los tomates, la albahaca y las aceitunas estén cocidos.

5. Adorne con perejil fresco y ralladura de limón.

<u>Información nutricional:</u>Calorías 304 Carbohidratos: 18g Grasa: 7g Proteína: 41g

Ratatouille porciones: 8

Tiempo de cocción: 25 minutos

Ingredientes:

1 calabacín, mediano y cortado en cubitos

3 cucharadas aceite de oliva virgen extra

2 pimientos, cortados en cubitos

1 calabaza amarilla, mediana y cortada en cubitos

1 cebolla, grande y picada

28 onzas de tomates enteros, pelados

1 berenjena, mediana y cortada en cubitos con piel en sal y pimienta, según sea necesario

4 ramitas de tomillo fresco

5 dientes de ajo, picados

Direcciones:

1. Para comenzar, calienta una sartén grande a fuego medio-alto.

2. Una vez caliente, añadir el aceite, la cebolla y el ajo.

3. Saltee la mezcla de cebolla durante 3-5 minutos o hasta que se ablande.

4. A continuación, añade a la sartén la berenjena, el pimiento, el tomillo y la sal. Mezclar bien.

5. Ahora cocine por otros 5 minutos o hasta que la berenjena se ablande.

6. A continuación, agregue el calabacín, los pimientos y la calabaza a la sartén y continúe cocinando durante otros 5 minutos. Luego agregue los tomates y mezcle bien.

7. Una vez agregado todo, revuelva bien hasta que todo se junte. Deja cocer a fuego lento durante 15 minutos.

8. Finalmente, verifique el condimento y agregue más sal y pimienta si es necesario.

9. Adorne con perejil y pimienta negra molida.

<u>Información nutricional:</u>Calorías: 103KcalProteínas: 2gCarbohidratos: 12gGrasas: 5g

Sopa De Albóndigas De Pollo Porciones: 4

Tiempo de cocción: 30 minutos

Ingredientes:

2 libras de pechuga de pollo, sin piel, deshuesada y desmenuzada 2 cucharadas de cilantro picado

2 huevos batidos

1 diente de ajo, picado

¼ taza de cebollas verdes, picadas

1 cebolla amarilla, picada

1 zanahoria, en rodajas

1 cucharada de aceite de oliva

5 tazas de caldo de pollo

1 cucharada de perejil picado

Una pizca de sal y pimienta negra

Direcciones:

1. En un recipiente, mezcle la carne con los huevos y los demás ingredientes excepto el aceite, la cebolla amarilla, el caldo y el perejil, mezcle y forme albóndigas medianas con esta mezcla.

2. Calienta una sartén con el aceite a fuego medio, agrega la cebolla amarilla y las albóndigas y saltea por 5 minutos.

3. Agregue el resto de los ingredientes, revuelva, lleve a ebullición y cocine a fuego medio por otros 25 minutos.

4. Sirva la sopa en tazones y sirva.

Información nutricional:calorías 200, grasa 2, fibra 2, carbohidratos 14, proteína 12

Ensalada De Col De Naranja Con Vinagreta De Cítricos

Porciones: 8

Tiempo de cocción: 0 minutos

Ingredientes:

1 cucharadita de ralladura de naranja, rallada

2 cucharadas de caldo de verduras reducido en sodio 1 cucharadita de vinagre de sidra de manzana

4 tazas de repollo rojo, rallado

1 cucharadita de jugo de limón

1 bulbo de hinojo, en rodajas finas

1 cucharadita de vinagre balsámico

1 cucharadita de vinagre de frambuesa

2 cucharadas de jugo de naranja fresco

2 naranjas, peladas, cortadas en trozos

1 cucharada de miel

1/4 cucharadita de sal

Pimienta recién molida

4 cucharaditas de aceite de oliva

Direcciones:

1. Poner en un bol el zumo de limón, la ralladura de naranja, el vinagre de sidra, la sal y la pimienta, el caldo, el aceite, la miel, el zumo de naranja, el vinagre balsámico y la frambuesa y batir.

2. Extraer las naranjas, el hinojo y la col. Mezclar para cubrir.

Información nutricional: Calorías 70 Carbohidratos: 14g Grasa: 0g Proteína: 1g

Porciones de tempeh y tubérculos: 4

Tiempo de cocción: 30 minutos

Ingredientes:

1 cucharada de aceite de oliva virgen extra

1 batata grande, cortada en cubitos

2 zanahorias, en rodajas finas

1 bulbo de hinojo, recortado y cortado en dados de una pulgada 2 cucharaditas de jengibre fresco picado

1 diente de ajo, picado

12 onzas de tempeh, cortado en dados de ½ pulgada

½ taza de caldo de verduras

1 cucharada de tamari o salsa de soja sin gluten 2 cebollas verdes, en rodajas finas

Direcciones:

1. Precaliente el horno a 400°F. Engrasa una bandeja para hornear con el aceite.

2. Coloque la batata, las zanahorias, el hinojo, el jengibre y el ajo en una sola capa sobre la bandeja para hornear.

3. Hornee hasta que las verduras se hayan ablandado, unos 15 minutos.

4. Agregue el tempeh, el caldo y el tamari.

5. Hornee nuevamente hasta que el tempeh esté bien caliente y ligeramente dorado, de 10 a 15 minutos.

6. Agregue las cebollas verdes, mezcle bien y sirva.

Información nutricional:Calorías 276 Grasa total: 13g Carbohidratos totales: 26g Azúcar: 5g Fibra: 4g Proteína: 19g Sodio: 397mg

Porciones de sopa verde: 2

Tiempo de cocción: 5 minutos

Ingredientes:

1 taza de agua

1 taza de espinacas, frescas y empacadas

½ de 1 limón, pelado

1 calabacín, pequeño y picado

2 cucharadas. Perejil, fresco y picado

1 tallo de apio, picado

Sal marina y pimienta negra, según sea necesario

½ de 1 aguacate, maduro

¼ taza de albahaca

2 cucharadas. semillas de chia

1 diente de ajo, picado

Direcciones:

1. Para hacer esta sopa fácil de mezclar, coloque todos los ingredientes en una licuadora de alta velocidad y mezcle durante 3 minutos o hasta que quede suave.

2. Luego puedes servirlo frío, o puedes recalentarlo a fuego lento por unos minutos.

Información nutricional:Calorías: 250KcalProteínas: 6,9gCarbohidratos: 18,4gGrasas: 18,1g

Ingredientes del pan de pizza de pepperoni:

1 porción (1 libra) de mezcla de pan solidificada, descongelada 2 huevos grandes, aislados

1 cucharada de parmesano cheddar molido

1 cucharada de aceite de oliva

1 cucharadita de perejil crujiente picado

1 cucharadita de orégano seco

1/2 cucharadita de ajo en polvo

1/4 cucharadita de pimienta

8 onzas de pepperoni picado

2 tazas de mozzarella cheddar parcialmente descremada, rallada 1 lata (4 onzas) de tallos y trozos de champiñones, agotados 1/4 a 1/2 taza de aros de pimiento seco

1 pimiento verde mediano, cortado en cubitos

1 lata (2-1/4 onzas) de aceitunas cortadas

1 caja (15 onzas) de salsa para pizza

Direcciones:

1. Precaliente la estufa a 350°. En una bandeja para hornear engrasada, desmolde la masa en un molde de 15 x 10 pulgadas. forma cuadrada. En un tazón pequeño, consolida las yemas de huevo, queso parmesano, aceite, perejil, orégano, ajo en polvo y pimienta. Cepilla la mezcla.

2. Espolvorea con pepperoni, mozzarella con queso cheddar, champiñones, aros de pimiento, pimiento verde y aceitunas. Muévete hacia arriba, estilo Jam Move, comenzando con un lado largo; presione el pliegue para sellar y doble los acabados debajo.

3. Coloque la parte con el pliegue hacia abajo; pincelar con claras de huevo.

Procura que no suba. Hornee hasta que tenga un color oscuro brillante y la mezcla esté completamente cocida, de 35 a 40 minutos. Vuelva a calentar la salsa para pizza; presente con parte cortada.

4. Opciones de congelación: Congele una porción de pizza fría sin rebanar en papel de aluminio sin compromiso. Para usar, retire del enfriador 30 minutos antes de recalentar. Extruya de lado y recaliente la porción en una plancha de preparación engrasada en una parrilla precalentada a 325° hasta que se caliente por completo. Rellene según lo coordinado.

Tazones de taco de albóndigas:

Bolitas de carne:

1 libra de carne molida magra (debajo de cualquier carne molida como cerdo, pavo o pollo)

1 huevo

1/4 taza de col rizada finamente picada o hierbas crujientes como perejil o cilantro (opcional)

1 cucharadita de sal

1/2 cucharadita de pimienta negra

tazones de taco

2 tazas de salsa Enchilada (utilizamos productos personalizados) 16 albóndigas (guarniciones previamente guardadas)

2 tazas de arroz cocido, blanco u oscuro

1 aguacate, cortado

1 taza de salsa local o pico de gallo 1 taza de queso rallado

1 jalapeño, finamente picado (opcional)

1 cucharada de cilantro, cortado a la mitad

1 lima, cortada en gajos

Chips de tortilla, para servir

Direcciones:

1. Hacer/Congelar

2. En un tazón grande, agregue la carne molida, los huevos, la col rizada (si se usa), sal y pimienta. Mezclar con las manos hasta que se consolide uniformemente.

Forme 16 albóndigas con una separación de aproximadamente 1 pulgada y colóquelas en una bandeja para hornear asegurada con papel aluminio.

3. Si se usa en interiores durante varios días, refrigere hasta por 2 días.

4. En caso de congelación, coloque el recipiente de chapa en una hielera hasta que las albóndigas estén sólidas. Mover a una bolsa más fresca. Las albóndigas se mantendrán refrigeradas durante 3 a 4 meses.

5. cocinar

6. En una cacerola mediana, lleve la salsa de enchilada a fuego lento. Incluya las albóndigas (no hay razón convincente para descongelar primero si las albóndigas fueron

solidificado). Hornee las albóndigas hasta que estén bien cocidas, 12 minutos si están crujientes y 20 minutos cuando estén solidificadas.

7. Mientras las albóndigas se cocinan a fuego lento, prepare diferentes guarniciones.

8. Prepara taco bowls rellenando arroz con albóndigas y salsa, corta aguacate, salsa, queso cheddar, trozos de jalapeño y cilantro. Presente con rodajas de lima y totopos.

Zoodles de Pesto de Aguacate con Salmón

Porciones: 4

Tiempo de cocción: 25 minutos

Ingredientes:

1 cucharada de pesto

1 limón

2 filetes de salmón congelados/frescos

1 calabacín grande, en espiral

1 cucharada de pimienta negra

1 aguacate

1/4 taza de queso parmesano, rallado

condimento italiano

Direcciones:

1. Caliente el horno a 375 F. Sazone el salmón con condimento italiano, sal y pimienta y hornee por 20 minutos.

2. Agregue los aguacates al tazón junto con una cucharada de pimienta, jugo de limón y una cucharada de pesto. Triture los aguacates y guárdelos a un lado.

3. Agregue los fideos de calabacín a un plato para servir, seguidos de la mezcla de aguacate y salmón.

4. Espolvorea con queso. Agregue más pesto si es necesario. ¡Disfrutar!

Información nutricional:128 calorías 9,9 g de grasa 9 g de carbohidratos totales 4 g de proteína

Patatas Dulces De Cúrcuma, Manzana Y Cebolla Con Pollo

Porciones: 4

Tiempo de cocción: 45 minutos

Ingredientes:

2 cucharadas de mantequilla sin sal, a temperatura ambiente 2 camotes medianos

1 manzana Granny Smith grande

1 cebolla mediana, en rodajas finas

4 pechugas de pollo con piel y hueso

1 cucharadita de sal

1 cucharadita de cúrcuma

1 cucharadita de salvia seca

¼ de cucharadita de pimienta negra recién molida

1 taza de sidra de manzana, vino blanco o caldo de pollo<u>Direcciones:</u>

1. Precaliente el horno a 400°F. Engrasa la bandeja para hornear con la mantequilla.

2. Coloque las batatas, la manzana y la cebolla en una sola capa sobre la bandeja para hornear.

3. Coloque el pollo con la piel hacia arriba y sazone con sal, cúrcuma, salvia y pimienta. Agrega la sidra.

4. Asado en 35-40 minutos. Retirar, dejar reposar 5 minutos y servir.

<u>Información nutricional:</u>Calorías 386 Grasa total: 12g Carbohidratos totales: 26g Azúcar: 10g Fibra: 4g Proteína: 44g Sodio: 932mg

Filete de Salmón con Hierbas Doradas

Porciones: 4

Tiempo de cocción: 5 minutos

Ingredientes:

1 libra de bistec de salmón, enjuagado 1/8 cdta. pimienta de cayena 1 cdta. chile en polvo

½ cucharadita de comino

2 dientes de ajo, picados

1 cucharada de aceite de oliva

cucharadita de sal

1 cucharadita de pimienta negra recién molida

Direcciones:

1. Precaliente el horno a 350 grados F.

2. En un tazón, combine la pimienta de cayena, el chile en polvo, el comino, la sal y la pimienta negra. Poner a un lado.

3. Rocíe el filete de salmón con aceite de oliva. Frote en ambos lados. Frote el ajo y la mezcla de especias preparada. Dejar reposar 10 minutos.

4. Después de permitir que los sabores se mezclen, prepare una sartén resistente al horno.

Calentar el aceite de oliva. Una vez caliente, sazone el salmón durante 4 minutos por ambos lados.

5. Transfiera la fuente al interior del horno. Hornee por 10 minutos. Atender.

Información nutricional:Calorías 210 Carbohidratos: 0g Grasa: 14g Proteína: 19g

Porciones de tofu estilo italiano y verduras de verano: 4

Tiempo de cocción: 20 minutos

Ingredientes:

2 calabacines grandes, cortados en rodajas de ¼ de pulgada

2 calabazas de verano grandes, cortadas en rodajas de una pulgada de grosor 1 libra de tofu firme, cortado en dados de 1 pulgada

1 taza de caldo de verduras o agua

3 cucharadas de aceite de oliva virgen extra

2 dientes de ajo, en rodajas

1 cucharadita de sal

1 cucharadita de condimento de hierbas italianas

¼ de cucharadita de pimienta negra recién molida

1 cucharada de albahaca fresca picada

Direcciones:

1. Precaliente el horno a 400°F.

2. Combine el calabacín, la calabaza, el tofu, el caldo, el aceite, el ajo, la sal, la mezcla de condimentos de hierbas italianas y la pimienta en una bandeja para hornear con borde grande y mezcle bien.

3. Asado en 20 minutos.

4. Espolvorear con albahaca y servir.

<u>Información nutricional:</u>Calorías 213 Grasa total: 16g Carbohidratos totales: 9g Azúcar: 4g Fibra: 3g Proteína: 13g Sodio: 806mg

Ingredientes Ensalada De Fresas Y Queso De Cabra

1 libra de fresas crujientes, cortadas en cubitos

Discrecional: 1 a 2 cucharaditas de néctar o jarabe de arce, al gusto 2 onzas de queso cheddar de cabra desintegrado (alrededor de ½ taza) ¼ taza de albahaca crocante picada, más unas hojitas de albahaca para adornar

1 cucharada de aceite de oliva virgen extra

1 cucharada de vinagre balsámico espeso*

½ cucharadita de sal marina Maldon en escamas o un año insuficiente

cucharadita de sal marina fina

Pimienta negra molida crujiente

Direcciones:

1. Extienda las fresas cortadas en cubitos en una fuente para servir mediana o en un tazón para servir poco profundo. En caso de que las fresas no estén lo suficientemente dulces exactamente como te gustaría, revuélvelas con un chorrito de néctar o jarabe de arce.

2. Espolvorea el queso cheddar de cabra desintegrado sobre las fresas, seguido de la albahaca picada. Rocíe la parte superior con aceite de oliva y vinagre balsámico.

3. Pulir el plato de verduras mixtas con la sal, unos trocitos de pimienta negra molida crujiente y las hojas de albahaca en conserva. Para una gran introducción, sirva rápidamente el plato mesclun.

Sin embargo, las sobras se mantienen bien en el refrigerador durante unos 3 días.

Raciones de estofado de coliflor y cúrcuma: 4

Tiempo de cocción: 30 minutos

Ingredientes:

½ libra de floretes de coliflor

1 libra de filetes de bacalao, sin espinas, sin piel y en cubos 1 cucharada de aceite de oliva

1 cebolla amarilla, picada

½ cucharadita de semillas de comino

1 chile verde, picado

cucharadita de cúrcuma en polvo

2 tomates picados

Una pizca de sal y pimienta negra

½ taza de caldo de pollo

1 cucharada de cilantro picado

Direcciones:

1. Calienta una sartén con el aceite a fuego medio, agrega la cebolla, el chile, el comino y la cúrcuma, revuelve y cocina por 5 minutos.

2. Agregue la coliflor, el pescado y los demás ingredientes, mezcle, lleve a ebullición y cocine a fuego medio durante 25 minutos más.

3. Divide el guiso en tazones y sirve.

Información nutricional: calorías 281, grasa 6, fibra 4, carbohidratos 8, proteína 12

Porciones de Delicias de Nueces y Espárragos: 4

Tiempo de cocción: 5 minutos

Ingredientes:

1 y ½ cucharadas de aceite de oliva

¾ de libra de espárragos, recortados

¼ taza de nueces picadas

Pipas de girasol y pimienta al gusto

Direcciones:

1. Coloca una sartén a fuego medio, agrega aceite de oliva y deja que se caliente.

2. Agregue los espárragos, saltee por 5 minutos hasta que estén dorados.

3. Sazone con semillas de girasol y pimienta.

4. Retire el fuego.

5. Agregue las nueces y mezcle.

Información nutricional: Calorías: 124 Lípidos: 12g Carbohidratos: 2g Proteínas: 3g

Ingredientes Pasta Alfredo De Calabacín:

2 calabacines medianos, en espiral

1-2 TB de queso parmesano vegano (opcional)

Salsa Alfredo Rápida

1/2 taza de anacardos crudos, remojados durante unas horas o en agua hirviendo durante 10 minutos

2 TB de jugo de limón

Levadura nutritiva de 3 TB

2 cucharaditas de miso blanco (puede ser tamari sub, salsa de soya o aminos de coco)

1 cucharadita de cebolla en polvo

1/2 cucharadita de ajo en polvo

1/4-1/2 taza de agua

Direcciones:

1. Haga espirales con los fideos de calabacín.

2. Agregue todas las guarniciones de Alfredo a una licuadora rápida (comenzando con 1/4 taza de agua) y mezcle hasta que quede suave. En caso de que su salsa esté demasiado espesa, agregue más agua una cucharada a la vez hasta obtener la consistencia que está buscando.

3. Cubre los fideos de calabacín con salsa Alfredo y, si lo deseas, un carrito de verduras.

Ingredientes de pollo con pavo y quinua:

1 taza de quinua, enjuagada

3-1/2 tazas de agua, aislada

1/2 libra de pavo molido sin grasa

1 cebolla dulce grande, picada

1 pimiento rojo dulce mediano, picado

4 dientes de ajo, picados

1 cucharada de guiso de frijoles en polvo

1 cucharada de comino molido

1/2 cucharadita de canela molida

2 frascos (15 onzas cada uno) de frijoles negros, enjuagados y escurridos 1 lata (28 onzas) de tomates triturados

1 calabacín mediano, cortado en tiras

1 chile chipotle en salsa de adobo, cortado en tiras

1 cucharada de salsa de adobo

1 hoja encogida

1 cucharadita de orégano seco

1/2 cucharadita de sal

1/4 cucharadita de pimienta

1 taza de maíz solidificado, descongelado

1/4 taza de cilantro crujiente picado

Coberturas discrecionales: aguacate en cubos, queso cheddar Monterey Jack destruido

Direcciones:

1. En una cacerola grande, caliente la quinua y 2 tazas de agua hasta que hierva. Disminuya el calor; extienda y cocine a fuego lento durante 12 a 15 minutos o hasta que se retenga el agua. Expulsar calor; diluya con un tenedor y guárdelo en un lugar seguro.

2. A continuación, en una sartén grande forrada con ducha para cocinar, cocine el pavo, la cebolla, el pimiento rojo y el ajo a fuego medio hasta que la carne ya no esté rosada y las verduras estén tiernas; canal. Agregue el estofado de frijoles en polvo, el comino y la canela; cocina 2 minutos más.

Cuando lo desee, presente con coberturas discrecionales.

3. Incluya frijoles negros, tomates, calabacines, chile chipotle, adobo, hoja sana, orégano, sal, pimienta y el agua restante.

Caliente hasta que hierva. Disminuya el calor; esparcir y cocinar a fuego lento durante 30 minutos. Agregue el maíz y la quinua; calor a través. Eliminar la hoja estrecha; agregue el cilantro. Presente con encuadernaciones discrecionales como desee.

4. Alternativa de congelación: Congele el estofado enfriado en compartimientos más frescos.

Para su uso, descongelar de forma incompleta en el frigorífico a medio plazo. Vuelva a calentar en una cacerola, revolviendo ocasionalmente; incluya jugos o agua si es vital.

Porciones de fideos con ajo y calabaza: 4

Tiempo de cocción: 15 minutos

Ingredientes:

Para preparar la salsa

taza de leche de coco

6 grandes citas

2/3g de coco rallado

6 dientes de ajo

2 cucharadas de pasta de jengibre

2 cucharadas de pasta de curry rojo

para preparar fideos

1 tallarines grandes de calabaza

½ zanahoria, en juliana

½ calabacín, en juliana

1 pimiento rojo pequeño

¼ taza de anacardos

Direcciones:

1. Para hacer la salsa, combine todos los ingredientes y haga un puré espeso.

2. Corte la calabaza espagueti a lo largo y haga los fideos.

3. Cepille ligeramente la bandeja para hornear con aceite de oliva y cocine los fideos de calabaza a 40°C durante 5-6 minutos.

4. Para servir, combine los fideos y haga puré en un tazón. O sirva el puré con los fideos.

<u>Información nutricional:</u>Calorías 405 Carbohidratos: 107g Grasa: 28g Proteína: 7g

Trucha al vapor con frijoles rojos y salsa picante Tamaño de la porción: 1

Tiempo de cocción: 16 minutos

Ingredientes:

4 ½ onzas de tomates cherry, cortados a la mitad

1/4 aguacate, sin pelar

6 oz de filete de trucha de mar sin piel

Hojas de cilantro, para servir

2 cucharaditas de aceite de oliva

Rodajas de lima, para servir

4 ½ oz de frijoles rojos enlatados, enjuagados y escurridos 1/2 cebolla roja, en rodajas finas

1 cucharada de chiles jalapeños en escabeche, escurridos

1/2 cucharadita de comino molido

4 aceitunas sicilianas/aceitunas verdes

Direcciones:

1. Coloque una canasta de vapor sobre una olla de agua hirviendo. Agregue el pescado a la canasta y cubra, cocine durante 10-12 minutos.

2. Retire el pescado y déjelo reposar unos minutos. Mientras tanto, precalentar un poco de aceite en una sartén.

3. Agregue jalapeños en escabeche, frijoles, aceitunas, 1/2 cucharadita de comino y tomates cherry. Cocine durante unos 4 a 5 minutos, revolviendo constantemente.

4. Vierta la pasta de frijoles en un plato de servir, seguido de la trucha.

Agregue el cilantro y la cebolla encima.

5. Sirva con rodajas de lima y aguacate. ¡Disfrute de la trucha de mar al vapor con frijoles rojos y salsa de chile!

Información nutricional:243 calorías 33,2 g de grasa 18,8 g de carbohidratos totales 44 g de proteína

Sopa De Pavo Con Patata Dulce Porciones: 4

Tiempo de cocción: 45 minutos

Ingredientes:

2 cucharadas de aceite de oliva

1 cebolla amarilla, picada

1 pimiento verde, picado

2 camotes, pelados y cortados en cubos

1 libra de pechuga de pavo, sin piel, deshuesada y en cubos 1 cucharadita de cilantro molido

Una pizca de sal y pimienta negra

1 cucharadita de pimentón dulce

6 tazas de caldo de pollo

Zumo de 1 lima

Un puñado de perejil picado

Direcciones:

1. Caliente una sartén con el aceite a fuego medio, agregue la cebolla, el pimiento y las batatas, revuelva y cocine por 5 minutos.

2. Agregue la carne y dore por otros 5 minutos.

3. Agregue el resto de los ingredientes, mezcle, lleve a ebullición y cocine a fuego medio durante otros 35 minutos.

4. Sirva la sopa en tazones y sirva.

<u>Información nutricional:</u>calorías 203, grasa 5, fibra 4, carbohidratos 7, proteína 8

Porciones de salmón a la plancha con miso: 2

Tiempo de cocción: 20 minutos

Ingredientes:

2 cucharadas. Jarabe de arce

2 limones

¼ taza de miso

contra Pimienta molida

2 limas

2 ½ libras de salmón, con piel

pizca de pimienta de cayena

2 cucharadas. aceite de oliva virgen extra

¼ taza de miso

Direcciones:

1. Primero, mezcle el jugo de lima y el jugo de limón en un tazón pequeño hasta que estén bien mezclados.

2. A continuación, agregue el miso, la pimienta de cayena, el jarabe de arce, el aceite de oliva y la pimienta. Mezclar bien.

3. A continuación, coloque el salmón en una bandeja para hornear forrada con pergamino, con la piel hacia abajo.

4. Cepille generosamente el salmón con la mezcla de miso y limón.

5. Ahora coloque las mitades de limón y lima en los lados con el lado cortado hacia arriba.

6. Finalmente, cocínelos de 8 a 12 minutos o hasta que el pescado se desmenuce.

Información nutricional:Calorías: 230KcalProteínas: 28,3gCarbohidratos: 6,7gGrasas: 8,7g

Porciones de filete de hojaldre simplemente salteado: 6

Tiempo de cocción: 8 minutos

Ingredientes:

6 filetes de tilapia

2 cucharadas de aceite de oliva

1 pieza de limón, jugo

Sal y pimienta para probar

taza de perejil o cilantro, picado

Direcciones:

1. Saltea los filetes de tilapia con aceite de oliva en una sartén mediana a fuego medio. Cocine 4 minutos por cada lado hasta que el pescado se desmenuce fácilmente con un tenedor.

2. Agregue sal y pimienta al gusto. Vierta jugo de limón sobre cada filete.

3. Para servir, espolvorea los filetes cocidos con perejil picado o cilantro.

Información nutricional: Calorías: 249 CalFat: 8,3 g Proteína: 18,6 g

Carbohidratos: 25,9

Fibra: 1g

Sopa de Pescado Blanco con Verduras

Porciones: 6 a 8

Tiempo de cocción: 32 a 35 minutos

Ingredientes:

3 batatas, peladas y cortadas en trozos de ½ pulgada 4 zanahorias, peladas y cortadas en trozos de ½ pulgada 3 tazas de leche de coco entera

2 tazas de agua

1 cucharadita de tomillo seco

½ cucharadita de sal marina

298 g (10 ½ onzas) de pescado blanco firme y sin piel, como bacalao o halibut, cortado en trozos

Direcciones:

1. Agregue batatas, zanahorias, leche de coco, agua, tomillo y sal marina a una cacerola grande a fuego alto y hierva.

2. Reduzca el fuego a bajo, cubra y cocine a fuego lento durante 20 minutos hasta que las verduras estén tiernas, revolviendo ocasionalmente.

3. Vierta la mitad de la sopa en una licuadora y haga puré hasta que esté bien mezclado y suave, luego regrese a la cacerola.

4. Agregue los trozos de pescado y continúe cocinando por otros 12

15 minutos, o hasta que el pescado esté bien cocido.

5. Retire del fuego y sirva en tazones.

Información nutricional:calorías: 450; grasa: 28,7 g; proteína: 14,2 g; carbohidratos: 38,8 g; fibra: 8,1 g; azúcar: 6,7 g; sodio: 250 mg

Raciones de mejillones al limón: 4

Ingredientes:

1 cucharada. virgen extra aceite de oliva virgen extra 2 dientes de ajo picados

2 libras. mejillones lavados

jugo de un limon

Direcciones:

1. Ponga agua en una cacerola, agregue los mejillones, hierva a fuego medio, cocine por 5 minutos, deseche los mejillones sin abrir y transfiéralos a un tazón.

2. En otro bol, mezclar el aceite con el ajo y el jugo de limón recién exprimido, batir bien y agregar a los mejillones, mezclar y servir.

3. ¡Disfruta!

Información nutricional:Calorías: 140, Grasas: 4 g, Carbohidratos: 8 g, Proteínas: 8 g, Azúcares: 4 g, Sodio: 600 mg,

Porciones de salmón con lima y chile: 2

Tiempo de cocción: 8 minutos

Ingredientes:

1 libra de salmón

1 cucharada de jugo de lima

½ cucharadita de pimienta

½ cucharadita de chile en polvo

4 rodajas de lima

Direcciones:

1. Rocíe jugo de limón sobre el salmón.

2. Espolvorea ambos lados con pimienta y chile en polvo.

3. Agregue el salmón a la freidora.

4. Coloque las rodajas de lima sobre el salmón.

5. Freír al aire a 375 grados F durante 8 minutos.

Porciones de pasta de atún con queso: 3-4

Ingredientes:

2 hab. Cohete

contra cebollas verdes picadas

1 cucharada. vinagre rojo

5 onzas de atún enlatado escurrido

contra pimienta negra

2 onzas. pasta integral cocida

1 cucharada. aceite de oliva

1 cucharada. queso parmesano ligero rallado

Direcciones:

1. Cocine la pasta en agua sin sal hasta que esté lista. Escurrir y reservar.

2. En un tazón grande, combine el atún, las cebollas verdes, el vinagre, el aceite, la rúcula, la pasta y la pimienta negra hasta que estén bien mezclados.

3. Mezcle bien y cubra con queso.

4. Sirve y disfruta.

Información nutricional:Calorías: 566,3, Grasas: 42,4 g, Carbohidratos: 18,6 g, Proteínas: 29,8 g, Azúcares: 0,4 g, Sodio: 688,6 mg

Porciones de tiras de pescado con costra de coco: 4

Tiempo de cocción: 12 minutos

Ingredientes:

Escabeche

1 cucharada de salsa de soya

1 cucharadita de jengibre molido

½ taza de leche de coco

2 cucharadas de jarabe de arce

½ taza de jugo de piña

2 cucharaditas de salsa picante

Pez

1 libra de filete de pescado, cortado en tiras

Pimienta al gusto

1 taza de pan rallado

1 taza de hojuelas de coco (sin azúcar)

Spray para cocinar

Direcciones:

1. Combine los ingredientes de la marinada en un tazón.

2. Agregue las tiras de pescado.

3. Cubra y refrigere por 2 horas.

4. Precaliente su freidora de aire a 375 grados F.

5. En un tazón, combine la pimienta, el pan rallado y las hojuelas de coco.

6. Sumerja las tiras de pescado en la mezcla de pan rallado.

7. Rocíe la canasta de su freidora con aceite.

8. Agregue las tiras de pescado a la cesta de la freidora.

9. Freír al aire durante 6 minutos por cada lado.

Porciones de pescado a la mexicana: 2

Tiempo de cocción: 10 minutos

Ingredientes:

4 filetes de pescado

2 cucharaditas de orégano mexicano

4 cucharaditas de comino

4 cucharaditas de chile en polvo

Pimienta al gusto

Aerosol de cajón

Direcciones:

1. Precaliente su freidora de aire a 400 grados F.

2. Rocíe el pescado con aceite.

3. Sazone ambos lados del pescado con especias y pimienta.

4. Coloque el pescado en la cesta de la freidora.

5. Cocine por 5 minutos.

6. Voltee y cocine por otros 5 minutos.

Trucha con salsa de pepino Porciones: 4

Tiempo de cocción: 10 minutos

Ingredientes:

salsa:

1 pepino inglés, cortado en cubitos

¼ taza de yogur de coco sin azúcar

2 cucharadas de menta fresca picada

1 cebolla verde, partes blancas y verdes, picada

1 cucharadita de miel cruda

Sal de mar

Pez:

4 filetes de trucha (5 onzas), secos

1 cucharada de aceite de oliva

Sal marina y pimienta negra recién molida, al gusto

Direcciones:

1. Prepare la salsa: combine el yogur, el pepino, la menta, las cebollas verdes, la miel y la sal marina en un tazón pequeño hasta que estén completamente combinados. Poner a un lado.

2. En una superficie de trabajo limpia, frote ligeramente los filetes de trucha con sal marina y pimienta.

3. Caliente el aceite de oliva en una sartén grande a fuego medio. Agrega los filetes de trucha a la sartén caliente y fríe por unos 10 minutos, volteando el pescado a la mitad de la cocción o hasta que el pescado esté cocido a tu gusto.

4. Extienda la salsa sobre el pescado y sirva.

Información nutricional:calorías: 328; grasa: 16,2 g; proteína: 38,9 g; carbohidratos: 6.1g

; fibra: 1,0 g; azúcar: 3,2 g; sodio: 477 mg

Zoodles de Limón con Camarones Porciones: 4

Tiempo de cocción: 0 minutos

Ingredientes:

Salsa:

½ taza de hojas de albahaca fresca empaquetadas

Jugo de 1 limón (o 3 cucharadas)

1 cucharadita de ajo picado en botella

pizca de sal marina

Una pizca de pimienta negra recién molida

¼ taza de leche de coco entera enlatada

1 calabaza amarilla grande, en juliana o en espiral 1 calabacín grande, en juliana o en espiral

454 g (1 libra) de camarones, desvenados, hervidos, pelados y enfriados Ralladura de 1 limón (opcional)

Direcciones:

1. Prepara la salsa: Procesa las hojas de albahaca, el jugo de limón, el ajo, la sal marina y la pimienta en un procesador de alimentos hasta que estén finamente picados.

2. Vierta lentamente la leche de coco mientras gira el robot. Pulse hasta que quede suave.

3. Transfiera la salsa a un tazón grande, junto con la calabaza amarilla y el calabacín. Mezclar bien.

4. Espolvorea los camarones y la ralladura de limón (si lo deseas) sobre los fideos. Servir inmediatamente.

Información nutricional:calorías: 246; grasa: 13,1 g; proteína: 28,2 g; carbohidratos: 4.9g

; fibra: 2,0 g; azúcar: 2,8 g; sodio: 139 mg

Porciones de gambas crujientes: 4

Tiempo de cocción: 3 minutos

Ingredientes:

1 libra de camarones, pelados y desvenados

½ taza de mezcla para empanizar pescado

Spray para cocinar

Direcciones:

1. Precaliente su freidora de aire a 390 grados F.

2. Rocíe los camarones con aceite.

3. Cubra con la mezcla para empanar.

4. Rocíe la cesta de la freidora con aceite.

5. Agregue los camarones a la canasta de la freidora.

6. Cocine por 3 minutos.

Raciones de lubina a la plancha: 2

Ingredientes:

2 dientes de ajo picados

Pimienta.

1 cucharada. zumo de limón

2 filetes de lubina blanca

contra mezcla de condimentos de hierbas

Direcciones:

1. Rocíe una cacerola con un poco de aceite de oliva y coloque los filetes en ella.

2. Rocíe jugo de limón, ajo y especias sobre los filetes.

3. Ase a la parrilla durante unos 10 minutos o hasta que el pescado esté dorado.

4. Sirva sobre una cama de espinacas salteadas si lo desea.

Información nutricional:Calorías: 169, Grasas: 9,3 g, Hidratos de carbono: 0,34 g, Proteínas: 15,3

g, Azúcares: 0,2 g, Sodio: 323 mg

Porciones de empanadas de salmón: 4

Tiempo de cocción: 10 minutos

Ingredientes:

Spray para cocinar

1 libra de filete de salmón, desmenuzado

¼ taza de harina de almendras

2 cucharaditas de condimento Old Bay

1 cebolla verde, picada

Direcciones:

1. Precaliente su freidora de aire a 390 grados F.

2. Rocíe la canasta de su freidora con aceite.

3. En un tazón, combine el resto de los ingredientes.

4. Forme empanadas con la mezcla.

5. Rocíe ambos lados de las hamburguesas con aceite.

6. Freír al aire durante 8 minutos.

Porciones de bacalao picante: 4

Ingredientes:

2 cucharadas. perejil fresco picado

2 libras. filetes de bacalao

2 hab. salsa baja en sodio

1 cucharada. aceite insípido

Direcciones:

1. Precaliente el horno a 350°F.

2. En una fuente grande para hornear, rocíe el fondo con aceite.

Disponer los filetes de bacalao en la fuente. Vierta la salsa sobre el pescado. Cubra con papel de aluminio durante 20 minutos. Retire el papel aluminio durante los últimos 10 minutos de cocción.

3. Hornee durante 20-30 minutos, hasta que el pescado esté escamoso.

4. Sirva con arroz blanco o integral. Decorar con perejil.

Información nutricional:Calorías: 110, Grasas: 11 g, Hidratos de carbono: 83 g, Proteínas: 16,5 g, Azúcares: 0 g, Sodio: 122 mg

Raciones de trucha ahumada para untar: 2

Ingredientes:

2 cucharaditas Jugo de limón fresco

½ cucharadita queso cottage bajo en grasa

1 tallo de apio, cortado en cubitos

¼ lb de filete de trucha ahumada sin piel,

½ cucharadita salsa inglesa

1C salsa de chile

contra cebolla roja picada gruesa

Direcciones:

1. Combine la trucha, el requesón, la cebolla roja, el jugo de limón, la salsa picante y la salsa Worcestershire en una licuadora o procesador de alimentos.

2. Mezcle hasta que quede suave, deteniéndose para raspar los lados del tazón según sea necesario.

3. Agregue el apio cortado en cubitos.

4. Guárdelo en un recipiente hermético en el refrigerador.

Información nutricional:Calorías: 57, Grasas: 4 g, Carbohidratos: 1 g, Proteínas: 4 g, Azúcares: 0 g, Sodio: 660 mg

Porciones de atún y chalotas: 4

Ingredientes:

½ cucharadita caldo de pollo bajo en sodio

1 cucharada. aceite de oliva

4 filetes de atún deshuesados y sin piel

2 chalotes, picados

1C pimentón dulce

2 cucharadas. jugo de lima

contra pimienta negra

Direcciones:

1. Calienta una sartén con el aceite a fuego medio-alto, añade las chalotas y saltea durante 3 minutos.

2. Agregue el pescado y cocine durante 4 minutos por cada lado.

3. Agregue el resto de los ingredientes, cocine por otros 3 minutos, reparta en platos y sirva.

Información nutricional:Calorías: 4040, Grasas: 34,6 g, Carbohidratos: 3 g, Proteínas: 21,4 g, Azúcares: 0,5 g, Sodio: 1000 mg

Porciones de Langostinos al Pimienta Limón: 2

Tiempo de cocción: 10 minutos

Ingredientes:

1 cucharada de jugo de limón

1 cucharada de aceite de oliva

1 cucharadita de pimienta de limón

¼ de cucharadita de ajo en polvo

cucharadita de paprika

12 onzas de camarones, pelados y desvenados

Direcciones:

1. Precaliente su freidora de aire a 400 grados F.

2. Combine el jugo de limón, el aceite de oliva, la pimienta de limón, el ajo en polvo y el pimentón en un tazón.

3. Agregue los camarones y cubra uniformemente con la mezcla.

4. Agregue a la freidora.

5. Cocine por 8 minutos.

Filete de atún caliente Porciones: 6

Ingredientes:

2 cucharadas. Jugo de limón fresco

Pimienta.

Mayonesa De Ajo Y Naranja Asada

contra granos de pimienta negra entera

6 filetes de atún en rodajas

2 cucharadas. aceite de oliva virgen extra

La sal

Direcciones:

1. Colocar el atún en un bol para acomodar. Agregue aceite, jugo de limón, sal y pimienta. Voltee el atún para cubrirlo bien con la marinada. Dejar reposar de 15 a 20

minutos, girando una vez.

2. Coloque los granos de pimienta en una capa doble de bolsas de plástico. Golpee los granos de pimienta con una cacerola de fondo grueso o un mazo pequeño para triturarlos en trozos grandes. Colocar en un plato grande.

3. Cuando esté listo para cocinar el atún, sumerja los bordes en los granos de pimienta triturados. Caliente una sartén antiadherente a fuego medio. Dore los filetes de atún, en lotes si es necesario, durante 4 minutos por cada lado para pescado medio cocido, agregando de 2 a 3 cucharadas de la marinada a la sartén si es necesario, para evitar que se pegue.

4. Servir cubierto con mayonesa de naranja y ajo asado<u>Información nutricional:</u>Calorías: 124, Grasas: 0,4 g, Carbohidratos: 0,6 g, Proteínas: 28 g, Azúcares: 0 g, Sodio: 77 mg

Porciones de salmón cajún: 2

Tiempo de cocción: 10 minutos

Ingredientes:

2 filetes de salmón

Spray para cocinar

1 cucharada de condimento cajún

1 cucharada de miel

Direcciones:

1. Precaliente su freidora de aire a 390 grados F.

2. Rocíe ambos lados del pescado con aceite.

3. Espolvorea con condimento cajún.

4. Rocíe la cesta de la freidora con aceite.

5. Agregue el salmón a la canasta de la freidora.

6. Freír al aire durante 10 minutos.

Bol de salmón con quinoa y verduras

Porciones: 4

Tiempo de cocción: 0 minutos

Ingredientes:

454 g (1 libra) de salmón cocido, desmenuzado

4 tazas de quinua cocida

6 rábanos, en rodajas finas

1 calabacín, cortado en medias lunas

3 tazas de rúcula

3 cebollas verdes, picadas

½ taza de aceite de almendras

1 cucharadita de salsa picante sin azúcar

1 cucharada de vinagre de sidra de manzana

1 cucharadita de sal marina

½ taza de almendras fileteadas tostadas, para decorar (opcional)Direcciones:

1. En un tazón grande, combine el salmón desmenuzado, la quinua cocida, los rábanos, el calabacín, la rúcula y las cebollas verdes, y mezcle bien.

2. Agregue el aceite de almendras, la salsa picante, el vinagre de sidra de manzana y la sal marina y mezcle.

3. Divida la mezcla en cuatro tazones. Espolvorea cada tazón de manera uniforme con almendras fileteadas para decorar, si lo deseas. Servir inmediatamente.

Información nutricional:calorías: 769; grasa: 51,6 g; proteína: 37,2 g; carbohidratos: 44,8 g; fibra: 8,0 g; azúcar: 4,0 g; sodio: 681 mg

Raciones de pescado rebozado: 4

Tiempo de cocción: 15 minutos

Ingredientes:

¼ taza de aceite de oliva

1 taza de pan rallado seco

4 filetes de pescado blanco

Pimienta al gusto

Direcciones:

1. Precaliente su freidora de aire a 350 grados F.
2. Espolvorea ambos lados del pescado con pimienta.
3. Combine el aceite y el pan rallado en un bol.
4. Sumerja el pescado en la mezcla.
5. Presiona el pan rallado para que se adhiera.
6. Coloque el pescado en la freidora.
7. Cocine por 15 minutos.

Porciones de empanadas simples de salmón: 4

Tiempo de cocción: 8 a 10 minutos

Ingredientes:

1 lb (454 g) de filetes de salmón sin piel y sin espinas, picados ¼ de taza de cebolla dulce picada

½ taza de harina de almendras

2 dientes de ajo, picados

2 huevos batidos

1 cucharadita de mostaza Dijon

1 cucharada de jugo de limón recién exprimido

Una pizca de hojuelas de pimiento rojo

½ cucharadita de sal marina

¼ de cucharadita de pimienta negra recién molida

1 cucharada de aceite de aguacate

Direcciones:

1. Combine el salmón picado, la cebolla dulce, la harina de almendras, el ajo, los huevos batidos, la mostaza, el jugo de limón, las hojuelas de pimiento rojo, la sal marina y la pimienta en un tazón grande y revuelva hasta que estén bien incorporados.

2. Deje reposar la mezcla de salmón durante 5 minutos.

3. Retire la mezcla de salmón y forme cuatro hamburguesas de ½ pulgada de grosor con las manos.

4. Caliente el aceite de aguacate en una sartén grande a fuego medio. Agregue las hamburguesas a la sartén caliente y cocine por cada lado durante 4-5 minutos, hasta que estén ligeramente doradas y bien cocidas.

5. Retire del fuego y sirva en un plato.

Información nutricional:calorías: 248; grasa: 13,4 g; proteína: 28,4 g; carbohidratos: 4.1g

; fibra: 2,0 g; azúcar: 2,0 g; sodio: 443 mg

Porciones de camarones popcorn: 4

Tiempo de cocción: 10 minutos

Ingredientes:

½ cucharadita de cebolla en polvo

½ cucharadita de ajo en polvo

½ cucharadita de pimentón

¼ de cucharadita de mostaza molida

⅛ cucharadita de salvia seca

⅛ cucharadita de tomillo molido

⅛ cucharadita de orégano seco

⅛ cucharadita de albahaca seca

Pimienta al gusto

3 cucharadas de maicena

1 libra de camarones, pelados y desvenados

Spray para cocinar

Direcciones:

1. Combine todos los ingredientes excepto los camarones en un tazón.

2. Cubra los camarones con la mezcla.

3. Rocíe aceite en la cesta de la freidora.

4. Precaliente su freidora de aire a 390 grados F.

5. Agregue los camarones adentro.

6. Freír al aire durante 4 minutos.

7. Agita la cesta.

8. Cocine otros 5 minutos.

Porciones de pescado picante al horno: 5

Ingredientes:

1 cucharada. aceite de oliva

1C condimento sin especias sal

1 libra de filete de salmón

Direcciones:

1. Precaliente el horno a 350F.

2. Rocíe el pescado con aceite de oliva y sazone.

3. Hornee sin tapar durante 15 minutos.

4. Rebane y sirva.

Información nutricional:Calorías: 192, Grasas: 11 g, Carbohidratos: 14,9 g, Proteínas: 33,1 g, Azúcares: 0,3 g, Sodio: 505 6 mg

Raciones de atún al pimentón: 4

Ingredientes:

½ cucharadita chile en polvo

2 cucharaditas pimentón dulce

contra pimienta negra

2 cucharadas. aceite de oliva

4 filetes de atún sin hueso

Direcciones:

1. Caliente una sartén con el aceite a fuego medio-alto, agregue los filetes de atún, sazone con paprika, pimienta negra y chile en polvo, cocine por 5 minutos por cada lado, divida entre platos y sirva con una ensalada.

Información nutricional:Calorías: 455, Grasas: 20,6 g, Hidratos de carbono: 0,8 g, Proteínas: 63,8

g, Azúcares: 7,4 g, Sodio: 411 mg

Porciones de croquetas de pescado: 2

Tiempo de cocción: 7 minutos

Ingredientes:

8 onzas de filete de pescado blanco, desmoronado

Ajo en polvo al gusto

1 cucharadita de jugo de limón

Direcciones:

1. Precaliente su freidora de aire a 390 grados F.

2. Combine todos los ingredientes.

3. Forma empanadas con la mezcla.

4. Coloque las croquetas de pescado en la freidora.

5. Cocine por 7 minutos.

Vieiras a la plancha con miel Raciones: 4

Tiempo de cocción: 15 minutos

Ingredientes:

454 g (1 libra) de vieiras grandes, enjuagadas y palmeadas Sea Salt Dash

Una pizca de pimienta negra recién molida

2 cucharadas de aceite de aguacate

¼ taza de miel cruda

3 cucharadas de aminoácidos de coco

1 cucharada de vinagre de sidra de manzana

2 dientes de ajo, picados

Direcciones:

1. En un tazón, agregue las vieiras, la sal marina y la pimienta y revuelva hasta que estén bien cubiertas.

2. En una sartén grande, caliente el aceite de aguacate a fuego medio-alto.

3. Dore las vieiras durante 2 a 3 minutos por cada lado o hasta que se vuelvan de color blanco lechoso u opacas y firmes.

4. Retire las vieiras del fuego a un plato y cúbralas con papel aluminio para mantenerlas calientes. Poner a un lado.

5. Agregue la miel, los aminoácidos de coco, el vinagre y el ajo a la sartén y revuelva bien.

6. Lleve a ebullición y cocine hasta que se reduzca el líquido, aproximadamente 7 minutos, revolviendo ocasionalmente.

7. Regrese las vieiras a la sartén, revolviéndolas para cubrirlas con el glaseado.

8. Repartir las vieiras en cuatro platos y servir calientes.

Información nutricional:calorías: 382; grasa: 18,9 g; proteína: 21,2 g; carbohidratos: 26,1 g; fibra: 1,0 g; azúcar: 17,7 g; sodio: 496 mg

Lomos de bacalao con setas shiitake Raciones: 4

Tiempo de cocción: 15 a 18 minutos

Ingredientes:

1 diente de ajo, picado

1 puerro, en rodajas finas

1 cucharadita de raíz de jengibre fresca picada

1 cucharada de aceite de oliva

½ taza de vino blanco seco

½ taza de hongos shiitake rebanados

4 filetes de bacalao (6 onzas / 170 g)

1 cucharadita de sal marina

⅛ cucharadita de pimienta negra recién molida

Direcciones:

1. Precaliente el horno a 375ºF (190ºC).

2. Combine el ajo, el puerro, la raíz de jengibre, el vino, el aceite de oliva y los champiñones en una fuente para horno y revuelva hasta que los champiñones estén cubiertos uniformemente.

3. Hornee en horno precalentado durante 10 minutos hasta que se dore ligeramente.

4. Retire la fuente para hornear del horno. Extienda los filetes de bacalao encima y sazone con sal marina y pimienta.

5. Cubra con papel aluminio y regrese al horno. Hornear de 5 a 8

minutos más, o hasta que el pescado esté escamoso.

6. Retire el papel aluminio y deje enfriar 5 minutos antes de servir.

Información nutricional:calorías: 166; grasa: 6,9 g; proteína: 21,2 g; carbohidratos: 4,8 g; fibra: 1,0 g; azúcar: 1,0 g; sodio: 857 mg

Raciones de lubina blanca a la plancha: 2

Ingredientes:

1C Ajo picado

Pimienta negro

1 cucharada. zumo de limón

8 oz de filetes de lubina blanca

contra mezcla de condimentos de hierbas sin sal

Direcciones:

1. Precaliente la parrilla y coloque la rejilla a 4 pulgadas de la fuente de calor.

2. Rocíe ligeramente una fuente para hornear con aceite en aerosol. Coloque los filetes en la sartén. Rocíe jugo de limón, ajo, condimentos de hierbas y pimienta sobre los filetes.

3. Ase a la parrilla hasta que el pescado esté completamente opaco al probarlo con la punta de un cuchillo, aproximadamente de 8 a 10 minutos.

4. Sirva inmediatamente.

Información nutricional:Calorías: 114, Grasas: 2 g, Carbohidratos: 2 g, Proteínas: 21 g, Azúcares: 0,5 g, Sodio: 78 mg

Porciones de merluza con tomates al horno: 4-5

Ingredientes:

½ cucharadita salsa de tomate

1 cucharada. aceite de oliva

Perejil

2 tomates en rodajas

½ cucharadita queso rallado

4 libras. merluza deshuesada y troceada

La sal.

Direcciones:

1. Precaliente el horno a 400°F.
2. Sazone el pescado con sal.
3. En una sartén o cacerola; saltee el pescado en aceite de oliva hasta que esté medio cocido.
4. Tome cuatro papeles de aluminio para cubrir el pescado.

5. Da forma a la hoja para que parezcan contenedores; agregue la salsa de tomate a cada recipiente de aluminio.

6. Agregue el pescado, las rodajas de tomate y cubra con queso rallado.

7. Hornee hasta que estén doradas, alrededor de 20-25

minutos.

8. Abra los paquetes y decore con perejil.

Información nutricional:Calorías: 265, Grasas: 15 g, Hidratos de carbono: 18 g, Proteínas: 22 g, Azúcares: 0,5 g, Sodio: 94,6 mg

Merluza a la plancha con remolacha Porciones: 4

Tiempo de cocción: 30 minutos

Ingredientes:

8 remolachas, peladas y cortadas en octavos

2 chalotes, en rodajas finas

2 cucharadas de vinagre de sidra de manzana

2 cucharadas de aceite de oliva, dividido

1 cucharadita de ajo picado en botella

1 cucharadita de tomillo fresco picado

pizca de sal marina

4 (5 onzas / 142 g) filetes de eglefino, secos Direcciones:

1. Precaliente el horno a 400ºF (205ºC).

2. Combine las remolachas, los chalotes, el vinagre, 1 cucharada de aceite de oliva, el ajo, el tomillo y la sal marina en un tazón mediano y revuelva para cubrir bien.

Extienda la mezcla de remolacha en una fuente para horno.

3. Asar en horno precalentado durante unos 30 minutos, volteando una o dos veces con una espátula, o hasta que las remolachas estén tiernas.

4. Mientras tanto, caliente la cucharada restante de aceite de oliva en una sartén grande a fuego medio-alto.

5. Agregue el eglefino y dore por cada lado durante 4-5 minutos, o hasta que la carne esté opaca y se desmenuce fácilmente.

6. Transfiera el pescado a un plato y sirva adornado con remolacha asada.

Información nutricional:calorías: 343; grasa: 8,8 g; proteína: 38,1 g; carbohidratos: 20,9g

; fibra: 4,0 g; azúcar: 11,5 g; sodio: 540 mg

Porciones de fondant de atún sincero: 4

Ingredientes:

3 onzas de queso cheddar ligero rallado

1/3 cucharadita apio rallado

pimienta negra y sal

contra cebolla picada

2 muffins ingleses integrales

6 onzas. atún blanco escurrido

contra ruso bajo en grasa

Direcciones:

1. Precaliente la parrilla. Combine el atún, el apio, la cebolla y el aderezo.

2. Sazone con sal y pimienta.

3. Tostar las mitades de muffins ingleses.

4. Coloque la parte partida hacia arriba en una bandeja para hornear y cubra cada una con 1/4 de la mezcla de atún.

5. Ase a la parrilla de 2 a 3 minutos o hasta que se caliente por completo.

6. Cubra con queso y regrese al asador hasta que el queso se derrita, aproximadamente 1 minuto más.

Información nutricional:Calorías: 320, Grasas: 16,7 g, Carbohidratos: 17,1 g, Proteínas: 25,7

g, Azúcares: 5,85 g, Sodio: 832 mg

Salmón al limón con lima kaffir Porciones: 8

Ingredientes:

1 tallo de limoncillo, cortado en gajos y machacado

2 hojas de lima kaffir, rotas

1 limón en rodajas

1 ½ cucharadita hojas de cilantro fresco

1 filete de salmón entero

Direcciones:

1. Precaliente el horno a 350°F.

2. Cubra una fuente para hornear con hojas de papel de aluminio, con los lados superpuestos. 3. Coloque el salmón en el papel de aluminio, cubra con limón, hojas de lima, hierba de limón y 1 taza de hojas de cilantro. Opción: sazonar con sal y pimienta.

4. Lleve el lado largo de la hoja hacia el centro antes de doblar el sello.

Enrolla los extremos para cerrar el salmón.

5. Hornee por 30 minutos.

6. Transfiera el pescado cocido a un plato. Adorne con cilantro fresco.

Servir con arroz blanco o integral.

Información nutricional:Calorías: 103, Grasas: 11,8 g, Carbohidratos: 43,5 g, Proteínas: 18 g, Azúcares: 0,7 g, Sodio: 322 mg

Salsa De Mostaza De Salmón Tierno Porciones: 2

Ingredientes:

5 cucharadas eneldo picado

2/3 ca. cCrea agria

Pimienta.

2 cucharadas. Mostaza de Dijon

1C polvo de ajo

5 onzas de filetes de salmón

2-3 cucharadas Zumo de limón

Direcciones:

1. Mezcle la crema agria, la mostaza, el jugo de limón y el eneldo.

2. Sazone los filetes con pimienta y ajo en polvo.

3. Coloque el salmón en una bandeja para hornear con la piel hacia abajo y cúbralo con la salsa de mostaza preparada.

4. Hornee por 20 minutos a 390°F.

Información nutricional:Calorías: 318, Grasas: 12 g, Carbohidratos: 8 g, Proteínas: 40,9 g, Azúcares: 909,4 g, Sodio: 1,4 mg

Porciones de ensalada de cangrejo: 4

Ingredientes:

2 hab. carne de cangrejo

1 c/u tomates cherry partidos por la mitad

1 cucharada. aceite de oliva

Pimienta negra

1 chalote, picado

1/3 cucharadita cilantro picado

1 cucharada. zumo de limón

Direcciones:

1. En un tazón, mezcle el cangrejo con los tomates y los demás ingredientes, mezcle y sirva.

Información nutricional:Calorías: 54, Grasas: 3,9 g, Carbohidratos: 2,6 g, Proteínas: 2,3 g, Azúcares: 2,3 g, Sodio: 462,5 mg

Salmón al horno con salsa miso Porciones: 4

Tiempo de cocción: 15 a 20 minutos

Ingredientes:

Salsa:

¼ taza de sidra de manzana

taza de miso blanco

1 cucharada de aceite de oliva

1 cucharada de vinagre de arroz blanco

cucharadita de jengibre molido

4 (3 a 4 onzas / 85 a 113 g) filetes de salmón deshuesados 1 cebolla verde en rodajas, para decorar

cucharadita de hojuelas de pimiento rojo, para decorar

Direcciones:

1. Precaliente el horno a 375ºF (190ºC).

2. Prepare la salsa: mezcle la sidra de manzana, el miso blanco, el aceite de oliva, el vinagre de arroz y el jengibre en un tazón pequeño. Añadir un poco de agua si se desea una consistencia más fluida.

3. Coloque los filetes de salmón en una fuente para horno, con la piel hacia abajo. Vierta la salsa preparada sobre los filetes para cubrir uniformemente.

4. Hornee en horno precalentado durante 15 a 20 minutos, o hasta que el pescado se desmenuce fácilmente con un tenedor.

5. Adorne con rodajas de cebolla verde y hojuelas de pimiento rojo y sirva.

Información nutricional:calorías: 466; grasa: 18,4 g; proteína: 67,5 g; carbohidratos: 9.1g

; fibra: 1,0 g; azúcar: 2,7 g; sodio: 819 mg

Bacalao al horno rebozado con hierbas y miel

Raciones: 2

Ingredientes:

6 cucharadas relleno de hierbas

8 onzas de filetes de bacalao

2 cucharadas. Mi querido

Direcciones:

1. Precaliente su horno a 375°F.

2. Rocíe ligeramente una fuente para hornear con aceite en aerosol.

3. Coloque el relleno de hierbas en una bolsa y séllela. Triturar el relleno hasta que se desmenuce.

4. Cubre el pescado con miel y desecha la miel restante.

Agregue un filete a la bolsa de relleno y agite suavemente para cubrir completamente el pescado.

5. Transfiera el bacalao a la fuente para hornear y repita el proceso para el segundo pescado.

6. Envuelva los filetes en papel aluminio y cocine hasta que estén firmes y opacos al probarlos con la punta de un cuchillo, unos diez minutos.

7. Sirva caliente.

<u>Información nutricional:</u>Calorías: 185, Grasas: 1 g, Carbohidratos: 23 g, Proteínas: 21 g, Azúcares: 2 g, Sodio: 144,3 mg

Mezcla de bacalao a la parmesana Raciones: 4

Ingredientes:

1 cucharada. zumo de limón

½ cucharadita cebolla verde picada

4 filetes de bacalao deshuesados

3 dientes de ajo picados

1 cucharada. aceite de oliva

½ cucharadita queso parmesano rallado bajo en grasa

Direcciones:

1. Caliente una sartén con el aceite a fuego medio, agregue el ajo y las cebollas verdes, revuelva y saltee por 5 minutos.

2. Agregue el pescado y cocine durante 4 minutos por cada lado.

3. Agregue jugo de limón, espolvoree queso parmesano por encima, cocine por 2 minutos más, divida en platos y sirva.

Información nutricional: Calorías: 275, Grasas: 22,1 g, Carbohidratos: 18,2 g, Proteínas: 12 g, Azúcares: 0,34 g, Sodio: 285,4 mg

Raciones de gambas al ajillo crujientes: 4

Tiempo de cocción: 10 minutos

Ingredientes:

1 libra de camarones, pelados y desvenados

2 cucharaditas de ajo en polvo

Pimienta al gusto

¼ taza de harina

Spray para cocinar

Direcciones:

1. Sazone los camarones con ajo en polvo y pimienta.
2. Cubrir con harina.
3. Rocíe la canasta de su freidora con aceite.
4. Agregue los camarones a la canasta de la freidora.
5. Hornee a 400 grados F durante 10 minutos, agitando una vez a la mitad.

Mezcla Cremosa de Lubina Porciones: 4

Ingredientes:

1 cucharada. perejil picado

2 cucharadas. aceite de aguacate

1 c/u crema de coco

1 cucharada. jugo de lima

1 cebolla amarilla picada

contra pimienta negra

4 filetes de lubina deshuesados

Direcciones:

1. Caliente una sartén con el aceite a fuego medio, agregue la cebolla, mezcle y saltee por 2 minutos.

2. Agregue el pescado y cocine durante 4 minutos por cada lado.

3. Agregue el resto de los ingredientes, cocine por otros 4 minutos, reparta en platos y sirva.

Información nutricional:Calorías: 283, Grasas: 12,3 g, Carbohidratos: 12,5 g, Proteínas: 8 g, Azúcares: 6 g, Sodio: 508,8 mg

Ahi Poke Pepino Porciones: 4

Tiempo de cocción: 0 minutos

Ingredientes:

Ahi Poke:

1 libra (454 g) de atún ahi para sushi, cortado en cubos de 1 pulgada 3 cucharadas de aminoácidos de coco

3 cebollas verdes, en rodajas finas

1 chile serrano, sin semillas y picado (opcional) 1 cucharadita de aceite de oliva

1 cucharadita de vinagre de arroz

1 cucharadita de semillas de sésamo tostadas

Una pizca de jengibre molido

1 aguacate grande, cortado en cubitos

1 pepino, cortado en rodajas de ½ pulgada de grosor<u>Direcciones:</u>

1. Prepare el ahi poke: mezcle los cubos de atún ahi con los aminoácidos de coco, las cebollas verdes, el chile serrano (si lo desea), el aceite de oliva, el vinagre, las semillas de sésamo y el jengibre en un tazón grande.

2. Cubra el recipiente con una envoltura de plástico y deje marinar en el refrigerador durante 15

minutos.

3. Agregue el aguacate cortado en cubitos al tazón de ahi poke y revuelva para incorporar.

4. Coloque las rodajas de pepino en una fuente para servir. Vierta el poke ahi sobre el pepino y sirva.

<u>Información nutricional:</u>calorías: 213; grasa: 15,1 g; proteína: 10,1 g; carbohidratos: 10,8 g; fibra: 4,0 g; azúcar: 0,6 g; sodio: 70 mg

Mezcla de bacalao a la menta raciones: 4

Ingredientes:

4 filetes de bacalao deshuesados

½ cucharadita caldo de pollo bajo en sodio

2 cucharadas. aceite de oliva

contra pimienta negra

1 cucharada. menta picada

1 cucharadita ralladura de limon rallado

contra chalota picada

1 cucharada. zumo de limón

Direcciones:

1. Calentar una sartén con el aceite a fuego medio, agregar las chalotas, revolver y saltear por 5 minutos.

2. Agregue el bacalao, el jugo de limón y otros ingredientes, lleve a ebullición y cocine a fuego medio durante 12 minutos.

3. Divida todo entre los platos y sirva.

Información nutricional:Calorías: 160, Grasas: 8,1 g, Carbohidratos: 2 g, Proteínas: 20,5 g, Azúcares: 8 g, Sodio: 45 mg

Porciones de tilapia al limón y cremosa: 4

Ingredientes:

2 cucharadas. cilantro fresco picado

contra mayonesa aliviada

Pimienta negra recién molida

contra jugo de limon fresco

4 filetes de tilapia

½ cucharadita parmesano rallado ligero

½ cucharadita polvo de ajo

Direcciones:

1. En un recipiente, mezcle todos los ingredientes excepto los filetes de tilapia y el cilantro.

2. Cubra los filetes uniformemente con la mezcla de mayonesa.

3. Coloque los filetes en una hoja grande de papel de aluminio. Envuelve el papel aluminio alrededor de los solomillos para sellarlos.

4. Coloque la bolsa de aluminio en el fondo de una olla de cocción lenta grande.

5. Ajuste la olla de cocción lenta a temperatura baja.

6. Tape y cocine durante 3-4 horas.

7. Sirva con guarnición de cilantro.

Información nutricional:Calorías: 133,6, Grasas: 2,4 g, Carbohidratos: 4,6 g, Proteínas: 22 g, Azúcares: 0,9 g, Sodio: 510,4 mg

Porciones de tacos de pescado: 4

Tiempo de cocción: 20 minutos

Ingredientes:

Spray para cocinar

1 cucharada de aceite de oliva

4 tazas de ensalada de col

1 cucharada de vinagre de sidra de manzana

1 cucharada de jugo de lima

pizca de pimienta de cayena

Pimienta al gusto

2 cucharadas de mezcla de condimentos para tacos

¼ taza de harina para todo uso

1 libra de filete de bacalao, en cubos

4 tortillas de maiz

Direcciones:

1. Precaliente su freidora de aire a 400 grados F.

2. Rocíe la canasta de su freidora con aceite.

3. En un tazón, combine el aceite de oliva, la ensalada de col, el vinagre, el jugo de lima, la pimienta de cayena y la pimienta.

4. En otro tazón, combine el condimento para tacos y la harina.

5. Cubra los cubos de pescado con la mezcla de condimentos para tacos.

6. Agréguelos a la canasta de la freidora.

7. Freír al aire durante 10 minutos, agitando a la mitad.

8. Rellene las tortillas de maíz con la mezcla de pescado y ensalada de col y enrolle.

Mezcla de Lubina con Jengibre Porciones: 4

Ingredientes:

4 filetes de lubina deshuesados

2 cucharadas. aceite de oliva

1C jengibre rallado

1 cucharada. cilantro picado

Pimienta negra

1 cucharada. vinagre balsámico

Direcciones:

1. Caliente una sartén con el aceite a fuego medio, agregue el pescado y cocine por 5 minutos por cada lado.

2. Agregue los ingredientes restantes, cocine por otros 5 minutos, divida entre platos y sirva.

Información nutricional:Calorías: 267, Grasas: 11,2 g, Carbohidratos: 1,5 g, Proteínas: 23 g, Azúcares: 0,78 g, Sodio: 321,2 mg

Porciones de Camarones al Coco: 4

Tiempo de cocción: 6 minutos

Ingredientes:

2 huevos

1 taza de coco seco sin azúcar

¼ taza de harina de coco

cucharadita de paprika

pimienta de cayena

½ cucharadita de sal marina

Una pizca de pimienta negra recién molida

¼ taza de aceite de coco

454 g (1 libra) de camarones crudos, pelados, desvenados y secos

Direcciones:

1. Bate los huevos en un tazón pequeño y poco profundo hasta que estén espumosos. Poner a un lado.

2. En un recipiente aparte, combine el coco, la harina de coco, el pimentón, la pimienta de cayena, la sal marina y la pimienta negra, y revuelva hasta que estén bien incorporados.

3. Sumerja los camarones en huevo batido, luego cubra los camarones con la mezcla de coco. Sacude cualquier exceso.

4. Caliente el aceite de coco en una sartén grande a fuego medio-alto.

5. Agregue los camarones y cocine de 3 a 6 minutos, revolviendo ocasionalmente, o hasta que la carne esté completamente rosada y opaca.

6. Transfiera los camarones cocidos a un plato forrado con una toalla de papel para que se escurran. Servir caliente.

Información nutricional: calorías: 278; grasa: 1,9 g; proteína: 19,2 g; carbohidratos: 5,8 g; fibra: 3,1 g; azúcar: 2,3 g; sodio: 556 mg

Porciones de cerdo con calabaza nuez moscada: 4

Tiempo de cocción: 35 minutos

Ingredientes:

1 libra de cerdo para guisar, en cubos

1 calabaza moscada, pelada y cortada en cubos

1 cebolla amarilla, picada

2 cucharadas de aceite de oliva

2 dientes de ajo, picados

½ cucharadita de garam masala

½ cucharadita de nuez moscada, molida

1 cucharadita de hojuelas de chile, trituradas

1 cucharada de vinagre balsámico

Una pizca de sal marina y pimienta negra

Direcciones:

1. Calentar una sartén con el aceite a fuego medio-alto, agregar la cebolla y el ajo y saltear por 5 minutos.

2. Agregue la carne y dore por otros 5 minutos.

3. Agregue el resto de los ingredientes, mezcle, cocine a fuego medio por 25 minutos, reparta en platos y sirva.

Información nutricional:calorías 348, grasa 18.2, fibra 2.1, carbohidratos 11.4, proteína 34.3

www.ingramcontent.com/pod-product-compliance
Lightning Source LLC
Chambersburg PA
CBHW070055110526
44587CB00013BB/1620